# "阳光业扩"
# 服务手册

国网浙江省电力有限公司衢州供电公司 组编

周 俊 主编

中国电力出版社
CHINA ELECTRIC POWER PRESS

**图书在版编目（CIP）数据**

"阳光业扩"服务手册 / 国网浙江省电力有限公司
衢州供电公司组编；周俊主编 . -- 北京 : 中国电力出
版社，2025.5. -- ISBN 978-7-5198-9345-3

Ⅰ.F426.61

中国国家版本馆 CIP 数据核字第 2024V061P9 号

出版发行：中国电力出版社
地　　址：北京市东城区北京站西街 19 号（邮政编码 100005）
网　　址：http://www.cepp.sgcc.com.cn
责任编辑：罗　艳（010-63412315）　高　芬
责任校对：黄　蓓　常燕昆
装帧设计：张俊霞
责任印制：石　雷

印　　刷：北京雁林吉兆印刷有限公司
版　　次：2025 年 5 月第一版
印　　次：2025 年 5 月北京第一次印刷
开　　本：880 毫米 ×1230 毫米　32 开本
印　　张：4.625
字　　数：83 千字
定　　价：28.00 元

# 编委会

# 编写组

# 前　言

　　优化营商环境是党中央、国务院在新形势下作出的重大决策部署，是促进高质量发展的重要举措。"获得电力"作为世界银行营商环境评测的一级评价指标，是评价测量营商环境便利程度的重要维度之一，高效的办电服务对于提升市场主体的生产经营环境、增强人民群众获得感具有十分重要的意义。

　　近年来，国网浙江省电力有限公司衢州供电公司（简称国网衢州供电公司）认真贯彻落实党中央、国务院决策部署，深入推进"放管服"改革，持续优化营商环境，取得积极成效。为固化相关做法，进一步规范办电现场服务内容、服务标准和服务流程，全面提升企业和群众办电的便利性、满意度和获得感，国网衢州供电公司编写了《"阳光业扩"服务手册》，细化从接入工程建设、办电业务受理到装表送电的全过程服务要求，以条目说明结合系统截图的方式，详细列明各个关键环节的服务重点和要点、合规风险防控要求及系统操作流程，为基层电力服务人员提供业务指导，推动各项办电服务要求落实到位、执行到位。

本书由国网衢州供电公司的技术专家编写，限于编者水平和时间，不妥之处在所难免，希望各位专家、同行及时提出宝贵意见，以便适时修订完善。

编　者

2024 年 12 月

# 目 录
CONTENTS

前　言

# 一

# 接入工程建设

本章以浙江省衢州市为例，描述了符合电力分担机制项目外线接入工程的办理方法，包括了业务办理流程、业务办理的要点及平台的操作指南。

## （一）服务流程

（1）在做地主体提出储备土地出库申请时，由土地储备中心（即土地储备机构，简称土储中心）根据自然资源和规划局（简称资规局）空间规划处发布的城镇规划建设用地范围，将符合分担机制条件的地块信息线上共享给供电公司，确保第一时间启动电力接入工程费用分担流程，实现政策执行"零滞后"。

（2）供电公司联合做地主体开展现场踏勘，摸排项目区块周边电网资源现状，结合项目意向和用电需求，统筹考虑区域电网规划建设，编制电网配套前置条件书，估算工程建设费用，协助做地主体测算土地开发成本。

（3）土储中心依据电网配套前置条件书，将电力接入费用纳入土地开发成本，完成土地出让或划拨。在平台更新落地项目信息、上传营业执照和土地出让协议。

（4）供电公司收到土地出让信息及资料后，与做地主体、企业确认用电需求，根据土储中心共享的电子资料，在企业后续办电申请中免于提供，实现企业"零材料"办电。同时，确定项目分担机制类别、建设模式，分类开展接入工程建设。

（5）做地主体根据需求确认后的接入方案，编制项目图纸和概预算，向项目评审中心提交概预算申请。评审中心对项目概（预）算费用进行在线确认，以线上备案的方式代替线下评审，实现项目概（预）算资金拨付"零评审"，极大地提高了资金拨付效率。

（6）进入工程施工环节，做地主体根据招投标的有关规定，通过公开招标或直接委托方式确定项目承建单位，负责做好项目建设全过程管控，在工程开工前和竣工后，及时完成预付款和进度款的拨付。

（7）在验收结算环节，做地主体联合供电公司开展项目竣工验收。验收通过后，做地主体向评审中心提交结算申请，依据结算评审结果，将工程尾款拨付给项目承建单位。做地主体签订资产移交协议后，将接入工程移交给供电公司运维管理，保障企业用电可靠性。

## （二）服务重点与要点

（1）用户电力接入工程是指 2021 年 3 月 1 日后通过出让或划拨取得土地使用权的城镇规划建设用地范围内项目，用户申请新装（增容）或变更用电而引起的用户外部接入工程。

（2）接入工程按照浙江省发展和改革委员会、浙江省财政厅、浙江省自然资源厅、浙江省住房和城乡建设厅、浙江省市场监督管理局联合下发的《关于进一步明确电力接入工程费用分担机制有关事项的通知》（浙发改价格〔2021〕437 号文），分为低压小微企业项目、储备土地项目、其他类项目。

低压小微企业项目是指由 380/220V 低压接入的所有低压小微企业用户项目。新建表箱（表计）及以上的电力接入工程全部由供电企业承担。

储备土地项目是指在浙发改价格〔2021〕437 号文内规定的 2021 年 3 月 1 日以后通过土地储备取得土地使用权的项目。电力接入工程费用纳入土地开发支出，不得由供电企业承担。

其他类项目是指除以上两类外的各电压等级用户电力接入工程项目，供电企业承担电气工程投资，属地政府负责投资建设线路通道、电缆管廊及管线等设施。具体适用范围主要为：储备土地项目送电后因用电需求发生变化等原因引起的外部线路改造，或其他政策明确规定由供电企业出资建设的项目，如电气化铁路牵引站。

## （三）系统操作指南

### 1. 浙江政务服务网权利运行系统（电脑端）

（1）应用入口。登录浙江政务服务网统一行政权力运行系统，如图1-1所示。

图1-1　浙江政务服务网统一行政权力运行系统

（2）操作说明。

项目启动：选择模块【电力分担审批】-【土地管理】-【项目启动】，录入项目启动信息。后续选择模块【电力分担审批】-【土地管理】-【现场踏勘】、【土地出让】、【需求确认】，录入相关信息。项目启动流程图如图1-2所示。

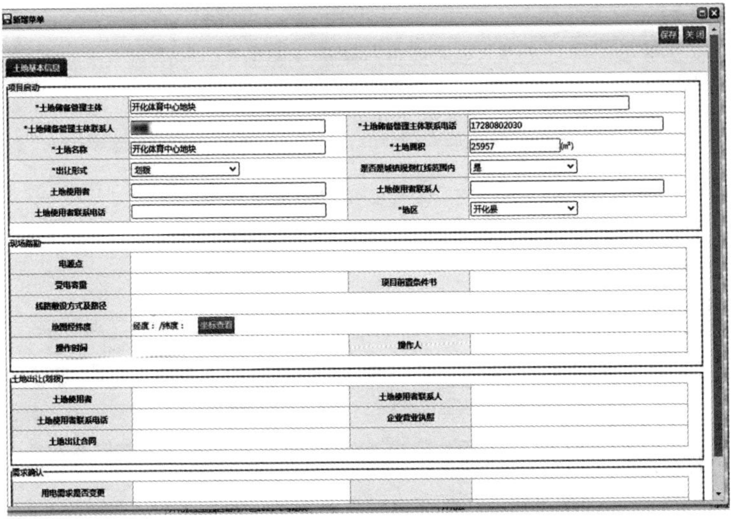

图1-2　项目启动流程图

发起概预算申请：选择模块【电力分担审批】-【土地管理】-【需求确认】，勾选信息，点击【概预算申请】按钮。发起概预算申请流程图如图1-3所示。

办件审批提交：选择模块【电力分担审批】-【土地管理】-【待办业务】，点击打开办件，点击【编辑表单】按钮。编辑完表单信息后，点击【保存】按钮并提交。填写【办理意见】，选择【下一步骤】、【下一步骤审批方式】、【待选择人员】。办件审批提交界面如图1-4所示。

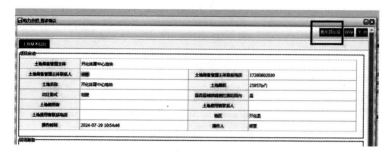

图 1 - 3　发起概预算申请流程图

图 1 - 4　办件审批提交界面

点击【提交】按钮。后续环节功能操作同上，不再重复介绍。

**2."浙政钉"App（手机端）**

（1）应用入口。打开"浙政钉"App 工作台，切换到衢州市页面下在市级应用模块下点击【电力分担】可进入应用。

（2）操作说明。浙政钉项目页面如图 1-5 所示，该页面分为三大模块，即项目管理模块、待办业务模块及办件查询模块，下面分别对这三个模块进行详细介绍。以土地管理项目为例，第三类项目同理。

图 1-5　浙政钉项目页面

项目管理：项目管理分为土地管理项目和第三类项目，点击图 1-6 页签可切换至对应类别项目模块。土地管理项目有四个环节，即项目启动、现场踏勘、土地出让（划拨）、需求确认。点击【土地管理项目新增】，可增加土地管理项目；第三类项目有两个环节，即项目启动、现场踏勘，点击第三类项目新增，可增加土地管理项目。

项目启动：点击土地管理项目新增按钮，新增填报信息，确认无误后提交。项目启动界面如图 1-6 所示。

**图 1-6　项目启动界面**

现场踏勘：点击【现场踏勘】，进入列表页，找到对应项目，点击【查看并填写表单】。现场踏勘界面如图1-7所示。

图1-7　现场踏勘界面

需求确认：点击【需求确认】，进入列表页，找到对应项目，点击【查看并填写表单】，确认无误后点击【提交】。需求确认界面如图1-8所示。

图1-8　需求确认界面

需求确认表单填好后，点击【需求确认】，进入列表，提交概预算申请。提交成功后，可去待办列表办理审批流程，待办业务界面。后续环节功能操作同上，不再重复介绍。

办件查询：可通过土地名称、区域、办件状态检索。办件详情：点击【查看】按钮，即可查看办件基本信息、电力分担、意见列表、流转日志及办理结算信息。

# 二

# 办电业务受理

本章描述了供电企业根据《用电业务告知书》客户申请所需资料清单，收资收取企业和群众申请资料，并及时将相关信息录入营销业务应用系统的办电业务受理过程。根据《浙江省电力用户受电工程市场行为监管办法》，供电企业对符合要求用户的用电申请，应及时办理相关手续，及时书面告知《关于用户受电工程建设有关事项的提示》有关内容。

## （一）服务流程

（1）向企业和群众提供营业厅、"网上国网" App、95598智能互动网站、"浙里办" App、政务服务网站等办电服务渠道，实行"首问负责制""一证受理""一次性告知""一站式服务"。对于有特殊需求的企业和群众群体，提供办电预约上门服务。

（2）受理企业和群众用电申请时，应主动向企业和群众提供用电咨询服务，接收并查验企业和群众申请资料，及时将相关信息录入营销业务应用系统，由系统自动生成业务办理表单。推行线上办电、移动作业和企业与群众档案电子化，坚决杜绝系统外流转。

1）实行营业厅"一证受理"。受理时应询问企业和群众申请意图，向企业和群众提供业务办理告知书，告知企业和群众需提交的资料清单、业务办理流程、收费项目及标准、监督电话等信息。对于申请资料暂不齐全的企业和群众，在收到其用电主体资格证明并签署"承诺书"后，正式受理用电申请并启动后续流程，现场勘查时收资。

2）全面精简办电收资。推行企业和群众"免填单"服务，业务办理人员了解企业和群众申请信息并录入营销业务应用系统，生成用电登记表，打印后交由企业和群众签字确认。按照企业和群众办电资料"四免"原则（凡没有法律法规依据的材料免提供；凡在办理其他涉电业务时已经提交且尚在有效期内的材料免提供；凡联办部门推送的材料免提供；凡与政府部门通过数据共享可获取的材料免提供，凭用电人有效身份证明时限"一证通办"）。

3）提供"网上国网"App、"浙里办"App、95598智能互动网站、浙江政务服务网等线上办理服务。通过线上渠道业务办理指南，引导企业和群众提交申请资料、填报办电信息。

（3）受理业务时，应仔细查验企业和群众提供的受理资料，严格落实"一址一户"的要求，一个产权证明在原则上对应一个用电户，营销业务系统内用电地址应与产权证明保持一致。对于不满足报装条件的，应一次性告知企业和群众。

## （二）服务重点与要点

"一户一表"要求：根据《供电营业规则》部分条款调整工作指引规定，首次申请用电的新建项目中一个独立不动产权属范围内的用电需求，应当作为一户办理报装。

## （三）合规风险防控要求

### 1. 信息公开不到位

风险点1：供电营业厅网络受限、设备终端故障、设备终端未配置或设备终端无法登录相关网站等原因，企业和群众无法查询浙江省电力用户受电工程市场信息公开与监督管理系统。

风险影响：企业和群众不能正常使用系统查询信息，影响企业和群众知情权。

预控措施：

（1）供电营业厅必须配置查询浙江省电力用户受电工程市场信息公开与监督管理系统的专用设备终端，并完善网络信号，保证企业和群众正常登录网站和查询相关信息。

（2）主动向企业和群众提供浙江省电力用户受电工程市场信息公开与监督管理系统网站地址。

（3）加强日常运行维护管理，保障专用设备终端正常运行，及时反馈网站异常情况。

（4）加强人员培训，营业厅人员要熟练掌握并指导企业和群众登录查询。

风险点2：未履行"一次性告知"义务，未主动向企业和群众提供《用电业务办理告知书》《关于用户受电工程建设有关事项的提示》，并进行签字留档。未告知企业和群众申请用电的业务流程、环节时限及相关注意事项。

风险影响：营业窗口提供的咨询服务不到位，影响企业和群众知情权。

预控措施：

（1）加强窗口人员业务培训，熟练掌握各类业务的业务流程、环节时限、收费标准等业务规则。

（2）严格履行"一次告知制度"，向企业和群众提供《用电业务办理告知书》《关于用户受电工程建设有关事项的提示》，做到告知项目内容准确全面，并请企业和群众签字确认。

风险点3：供电营业厅未公示或采用其他方式遮挡95598热线、12398能源监管热线等标识。线上线下渠道未公开或未按时更新管理制度、技术标准、工作流程、收费项目及标准、营业表单、业务告知书、对外承诺、宣传手册、配电网接入能力和容量受限情况等内容。

风险影响：线上线下渠道公开信息不全或未及时更新，影响企业和群众知情权。

预控措施：

（1）供电营业厅应严格按照《国家能源局关于进一步规范用户受电工程市场的通知》（国能监管〔2013〕408号）等要求在显著位置公示95598热线、12398能源监管热线。

（2）线上线下渠道应严格按照相关要求公开管理制度、技术标准、工作流程、收费项目及标准、营业表单、业务告知书、对外承诺、宣传手册，并及时更新。

（3）定期开展线上线下渠道自查，对未按要求公开或更新的要及时整改。

**2. 泄露企业和群众办电信息**

风险点：受理人员以电话、短信、微信、邮件、共享系统账号、开放系统查询权限等形式将企业和群众办电信息泄露给特定的设计、施工和设备材料供应单位。

风险影响：为特定的设计、施工和设备材料供应单位承揽业务、垄断市场提供便利，违反企业和群众受电工程市场公平竞争原则，存在监管风险。

预控措施：

（1）加强相关人员保密教育和信息安全教育，严格执行《国家电网企业和群众信息保密管理办法》，将企业和群众办电信息纳入商业机密管理，严格落实信息保密制度，规范企业和群众工程信息管理，杜绝企业和群众信息泄密。

（2）开展企业和群众回访及满意度评价，不定期开展明察暗访，严肃查处涉嫌"三指定"的违规行为。

**3. 为特定企业承揽业务提供便利**

风险点：在供电营业厅设置特定设计、施工和设备材料供应单位的专用窗口、柜台或放置宣传资料。给企业和群众回执资料中夹带特定的设计、施工和设备材料供应单位信息资料。向企业和群众提供的企业和群众受电工程典型设计中包含特定的设计、施工、设备材料供应单位信息或指定设备型号。

风险影响：为特定的设计、施工和设备材料供应单位承揽业务、垄断市场提供便利，违反企业和群众受电工程市场公平竞争原则，存在监管风险。

预控措施：

（1）规范供电营业厅管理，营业厅内不得出现工程单位窗口、柜台、宣传资料。禁止在给企业和群众的回执资料中夹带特定的设计、施工和设备材料供应单位信息资料。

（2）加强窗口人员警示教育，提高服务意识、合规意识、风险意识，规范行为。

（3）开展企业和群众回访及满意度评价，不定期开展明察暗访，严肃查处涉嫌"三指定"的违规行为。

### 4. 直接指定特定企业承揽业务

风险点：受理企业和群众用电申请时，指定特定设计、施工和设备材料供应单位；明示或暗示企业和群众只有选择特定的设计、施工和设备材料供应单位才能保证质量，顺利通过竣工检验、按时接电。

风险影响：指定或限定设计、施工和设备材料供应单位，违反企业和群众受电工程市场公平竞争原则，存在监管风险。

预控措施：

（1）加强相关岗位人员警示教育，提高服务意识、合规意识、风险意识、廉政意识，规范行为。

（2）开展企业和群众回访及满意度评价，不定期开展明察暗访，严肃查处涉嫌"三指定"（对客户受电工程指定设计、指定施工或指定设备材料的供应单位）的违规行为。

### 5. 设置办电障碍

风险点：擅自设置用户报装申请前置条件，要求企业和群众提供额外申请资料或要求企业和群众填写特定设计、施工和设备材料供应单位的委托书，或以搭售、套餐等形式推广新兴业务。

风险影响：为特定的单位承揽业务、垄断市场提供便利，违反企业和群众受电工程和综合能源业务市场公平竞争原则，存在监管风险。

预控措施：

（1）严格按照收资要求受理企业和群众用电申请，严禁擅自增加收资、增设前置环节。

（2）加强业扩流程规范性监督考核，严肃查处报装资料精简不到位等行为。

（3）开展企业和群众回访及满意度评价，不定期开展明察暗访，严肃查处涉嫌"三指定"的违规行为。

### 6. 办电时间或信息造假

风险点：未实时录入营销业务系统，业扩流程压单、体外循环；相关表单日期空白，无企业和群众签字或业务受理人员伪造企业和群众签名等。

风险影响：《国家发展改革委　国家能源局关于全面提升"获得电力"服务水平持续优化用电营商环境的意见》（发改能源规〔2020〕1479号）（简称发改能源规〔2020〕1479号文）执行不到位，未如实记录用电报装时间信息，存在涉嫌"三指定"监管风险。

预控措施：

（1）深入开展业扩流程体外循环专项治理，业扩流程应实时录入系统。

（2）加大"网上国网"App宣传，推广企业和群众自主线上办电，减少线下营业厅受理，杜绝流程机外流转。

（3）加强业扩流程规范性监督考核，严肃查处压单、体外循环等行为。

（4）开展企业和群众回访及满意度评价，不定期开展明察暗访，对违规行为落实考核。

**7. 限制企业和群众办电渠道**

风险点：强制企业和群众采用线上渠道办理用电申请。未落实"一证受理""刷脸办""一证办"等工作要求，拒绝提供"容缺受理"服务。

风险影响：发改能源规〔2020〕1479号文执行不到位，限制企业和群众办电渠道，影响企业和群众选择权或造成企业和群众重复往返，存在监管风险。

预控措施：

（1）加大"网上国网"App宣传，推广线上业务办理。

（2）取消线上办理率指标，严禁强制企业和群众采用线上渠道办理用电申请。

（3）严格落实"一证受理""刷脸办"等工作要求。

（4）开展企业和群众回访及满意度评价，不定期开展明察暗访，对违规行为落实考核。

## 8. 主辅人员混岗

风险点：由产业单位人员担任业务受理人员，或由客户经理兼任业务受理人员。

风险影响：存在企业和群众信息泄露风险，为产业单位承揽业务提供便利，存在监管风险。

预控措施：全面清理人员混岗情况，产业单位人员、客户经理不得担任业务受理岗位。

## （四）系统操作指南

操作说明如下：

（1）登录系统，点选"获得电力/高压新装增容/营业厅受理"打开窗口，默认界面如图2-1所示。

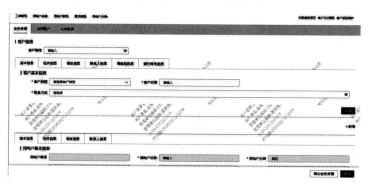

图2-1　默认界面

（2）点击企业和群众编号输入框右侧的【≡】，弹出企业和群众查询窗口，输入企业和群众编号、企业和群众名称、供电单位等信息，点击【查询】按钮，筛选出所需的信息，选择一条结果，点击【确定】按钮，将选择的信息返回到上门业务受理的企业和群众编号输入框中，并且带出该企业和群众的基本信息，企业和群众基本信息如图2－2所示。

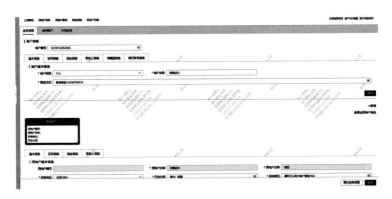

图2－2　企业和群众基本信息

（3）点击证件信息，打开证件信息tab页，选择要添加的证件信息，点击右上角【＋新增】，打开证件信息录入窗口，输入证件类型、证件名称、证件号码等信息，点击【保存】按钮，提示保存成功。保存证件信息如图2－3所示。

（4）点击地址信息，打开地址信息tab页，点击右上角【＋新增】，打开地址信息录入窗口，点击地址信息输入框右侧的【≡】，打开地址选择窗口，选择省、市、区县、街道

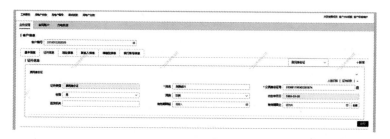

图 2-3　保存证件信息

（乡镇）等信息，点击【保存】按钮，关闭当前窗口，并将数据返回主界面。选择地址信息如图 2-4 所示。

图 2-4　选择地址信息

（5）点击联系人信息，打开联系人信息 tab 页，点击右上角【+新增】，打开联系人信息录入窗口，输入联系人信息，点击【保存】按钮，提示保存成功。保存联系人信息如图 2-5 所示。

（6）点击增值税信息，打开增值税信息 tab 页，输入名称、纳税人账号、地址等信息，点击银行账号信息，打开银行账号信息 tab 页，点击右上角【+新增】，打开银行账号信息录入窗口，写好信息点击【保存】按钮，提示保存成功。打开银行账户录入窗口如图 2-6 所示。

图 2－5　保存联系人信息

图 2－6　打开银行账户录入窗口

（7）保存完企业和群众信息后，点击用电户选择框右侧的【＋新增】，会生成一个用电户卡片，填写用电户基本信息、证件信息、地址信息、联系人信息，证件信息和联系人信息，然后填写申请信息，点击【保存】按钮，保存信息。保存用电户基本信息如图 2－7 所示。

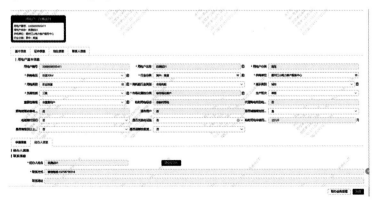

图 2－7　保存用电户基本信息

（8）用电收资界面，根据资料清单，把附件上传到系统中，点击【保存】按钮，保存信息。用电收资如图2-8所示。

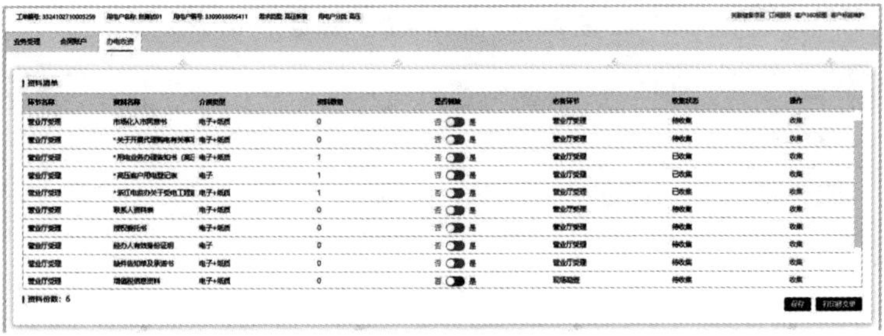

**图2-8　用电收资**

（9）点击【发送】按钮，页面提示工单发送成功。

# 三

# 现场勘查及供电方案答复

本章主要介绍了现场勘查和供电方案的服务流程和注意事项。现场勘查是指供电方现场核实用电设备和负荷性质，了解供电环境和条件，与用电方初步确定供电方案的过程。供电方案是指办理电力用户用电业务时，由供电方提出，经供用双方协商后确定，适应与用户接入电网，满足用户用电需求的电力供应具体方案，主要包括电源方案、计量方案、计费方案等。

## （一）服务流程

（1）根据与企业和群众预约的时间，组织开展现场勘查。现场勘查前，应预先了解待勘查地点的现场供电条件。

（2）现场勘查应重点核实企业和群众负荷性质、用电容量、用电类别等信息，结合现场供电条件，初步确定供电电源、计量、计费方案，并填写现场勘查单。勘查主要内容包括以下方面：

1）对申请新装、增容用电的居民用户，应核定用电容量，确认供电电压、用电相别、计量装置位置和接户线的路径、长度。

2）对申请新装、增容用电的非居民用户，应审核用电需求，确定新增用电容量、用电性质及负荷特性，初步确定供电电源、供电电压、供电容量、计量方案、计费方案等。

3）对拟定的重要电力用户，应根据国家确定重要负荷等级有关规定，审核用户行业范围和负荷特性，并根据用户供电可靠性的要求及中断供电危害程度确定供电方式。

4）对申请增容的用户，应核实用户名称、用电地址、电能表箱位、表位、表号、倍率等信息，检查电能计量装置和受电装置运行情况。

（3）对现场不具备供电条件的，应在勘查意见中说明原因，并向企业和群众做好解释工作。勘查人员发现企业和群众现场存在违约用电、窃电嫌疑等异常情况，应做好记录，及时报相关责任部门处理，并暂缓办理该企业和群众用电业务。在违约用电、窃电嫌疑排查处理完毕后，重新启动业扩报装流程。

（4）依据供电方案编制有关规定和技术标准要求，结合现场勘查结果、电网规划、用电需求及当地供电条件等因素，经过技术经济比较，与企业和群众协商一致后，拟定供电方案。方案包含企业和群众用电申请概况、接入系统方案、受电系统方案、计量计费方案、其他事项 5 部分内容：

1）用电申请概况。户名、用电地址、用电容量、行业分类、负荷特性及分级、保安负荷容量、电力用户重要性等级。

2）接入系统方案。各路供电电源的接入点、供电电压、频率、供电容量、电源进线敷设方式、技术要求、投资界面及产权分界点、分界点开关等接入工程主要设施或装置的核心技术要求。

3）受电系统方案。用户电气主接线及运行方式，受电装置容量及电气参数配置要求；无功补偿配置、自备应急电源及非电性质保安措施配置要求；谐波治理、调度通信、继电保护及自动化装置要求；配电站房选址要求；变压器、进线柜、保护等一、二次主要设备或装置的核心技术要求。

4）计量计费方案。计量点的设置、计量方式、用电信息采集终端安装方案，计量柜（箱）等计量装置的核心技术要求；用电类别、电价说明、功率因数考核办法、线路或变压器损耗分摊办法。

5）其他事项。企业和群众应按照规定交纳业务费用及收费依据，供电方案有效期，供用电双方的责任义务，特别是取消设计文件审查和中间检查后，用电人应履行的义务和承担的责任（包括自行组织设计、施工的注意事项，竣工验收的要求等内容），其他需说明的事宜及后续环节办理有关告知事项。

（5）对于具有非线性、不对称、冲击性负荷等可能影响供电质量或电网安全运行的企业和群众，应书面告知其委托有资质单位开展电能质量评估，并在设计文件审查时提交初步治理技术方案。

（6）高压供电方案有效期1年，低压供电方案有效期3个月。若需变更供电方案，应履行相关审查程序。其中，对于企业和群众需求变化造成供电方案变更的，应积极引导企业和群众通过"办电e助手"进行线上留痕，并根据企业和群众需求重新编制供电方案；对于电网原因造成供电方案变更的，应与企业和群众沟通协商，重新确定供电方案后答复企业和群众。

## （二）服务重点与要点

（1）现场勘查安全注意事项：

1）现场勘查工作至少两人共同进行，实行现场监护。

2）进入企业和群众设备运行区域，必须穿工作服、戴安全帽，且工作人员应在企业和群众电气工作人员的带领下进入工作现场，并在规定的工作范围内工作。

3）需攀登杆塔或梯子（临时楼梯）时，要落实防坠落措施，并在有效的监护下进行。

4）不得在高空落物区通行或逗留。

5）注意观察现场孔（洞）及锐物，人员相互提醒，防止踏空、扎伤。

6）要求企业和群众方进行现场安全交底，做到对现场危险点、安全措施等情况清楚了解。要求企业和群众方或施工方在危险区域按规定设置警示围栏或警示标志。

7）对有临时用电的企业和群众，勘查人员应掌握带电设备的位置，与带电设备保持足够安全距离，注意不要误碰、误动、误登运行设备。严格监督带电设备与周围设备及工作人员的安全距离是否足够，不得操作企业和群众设备。对企业和群众设备状态不明时，均视为运行设备。

（2）线上申请办电、"一证受理"的企业和群众，企业和群众现场勘查环节进行缺失资料及设备清单补收。客户经理可根据实际现场勘查情况，调整企业和群众申请的办电类型。

## （三）合规管理要求

### 1. 泄露企业和群众办电信息

风险点：以电话、短信、微信、邮件、共享系统账号、开放系统查询权限等形式将企业和群众信息泄露给特定的设计、施工和设备材料供应单位。

风险影响：为特定的设计、施工和设备材料供应单位承揽业务、垄断市场提供便利，违反企业和群众受电工程市场公平竞争原则，存在监管风险。

### 2. 为特定企业承揽业务提供便利

风险点：通知或安排特定的设计、施工和设备材料供应单位人员作为主业人员参与现场查勘、供电方案编制、业扩例会等。

风险影响：为特定的设计、施工和设备材料供应单位承揽业务、垄断市场提供便利，违反企业和群众受电工程市场公平竞争原则，存在监管风险。

风险点：答复供电方案材料中存在或夹带特定的设计、施工和设备材料供应单位信息。

风险影响：为特定的设计、施工和设备材料供应单位承揽业务、垄断市场提供便利，违反企业和群众受电工程市场公平竞争原则，存在监管风险。

### 3. 直接指定特定企业承揽业务

风险点：现场查勘、供电方案答复时，指定特定设计、施工和设备材料供应单位；明示或暗示企业和群众只有选择特定的设计、施工和设备材料供应单位才能保证质量，顺利通过竣工检验、按时接电；供电方案中指定使用特定设备厂家、型号。

风险影响：指定或限定设计、施工和设备材料供应单位，违反企业和群众受电工程市场公平竞争原则，存在监管风险。

### 4. 设置办电障碍

风险点 1：故意拖延现场查勘和供电方案编制、答复，设置前置条件。将企业和群众选择特定设计、施工和设备材料供应单位作为现场查勘、供电方案编制、答复的前置条件。以搭售、套餐等形式推广新兴业务。

风险影响：为特定的单位承揽业务、垄断市场提供便利，违反企业和群众受电工程和综合能源业务市场公平竞争原则，存在监管风险。

风险点 2：批复不合理的接电点、隐瞒供电能力等方式增加用户投资成本，影响用户选择设计、施工或设备材料供应单位。供电方案中缺少接入系统方案、受电系统方案、计量计费方案等设计所需关键信息，为设计单位开展工程设计设置障碍。

风险影响：为设计、施工和设备材料供应单位承揽业务、垄断市场提供便利，违反企业和群众受电工程市场公平竞争原则，存在监管风险。

风险点 3：低压"三零"服务执行不到位，160kVA 及以下小微企业未采用低压接入。

风险影响：发改能源规〔2020〕1479 号文执行不到位，

增加企业和群众投资。

### 5. 增加用户办电成本

风险点：违反出资界面原则，变相违规收取或转嫁应由供电公司承担的产权分界点前端的设备及检修费用。

风险影响：《国务院办公厅转发国家发展改革委等部门关于清理规范城镇供水供电供气供暖行业收费促进行业高质量发展意见的通知》（国办函〔2020〕129号）执行不到位，违反出资界面相关政策规定，违规向企业和群众转嫁应由电网投资的部分，增加企业和群众办电成本。

### 6. 收取业务费错误

风险点：高可靠性供电费收取不正确，高新技术企业等优惠政策落实不到位；客户经理通过业务费的多收或少收，谋取私利。

风险影响：高可靠性供电费收取错误，增加企业和群众办电成本或造成国有资产流失；客户经理小微权利带来的廉政风险。

预控措施：

（1）加强对客户经理和业务受理人员的业务培训，提升业务水平，严格按照省物价部门相关收费文件规定的收费项目和标准收费。

（2）完善高可靠性供电费审核机制，加强审核把关，降低差错发生概率。

（3）定期开展专项检查，检查高可靠性供电费收取规范性。

## （四）系统操作指南

### 1. 现场勘查、供电方案编制

（1）功能说明。现场勘查是指高压客户经理使用电脑终端，接收系统自动派工或回退指派的任务，通过电网资源业务中台查询配电网信息，了解线路可开放容量；组织相关部门进行现场勘查，核实并完善用电基本信息，上传相关资料等工作。

方案拟定是指高压客户经理使用电脑终端，拟定初步接入方案、计量方案及计费方案等供电方案内容，并按照国家有关规定及物价部门批准的收费标准，确定相关项目费用的工作。

（2）操作说明。

1）登录系统，点选"工单管理/待办工单"打开待办窗口，选择当前流程为现场勘查的单据，点击环节名称中的"现场勘查"，打开现场勘查界面，如图3-1所示。

2）点击方案拟定tab页，初始化进入供电方案拟定界面，填入供电方式、有工程标志、供电方案拟定意见、供电方案说明等信息，点击【保存】按钮，提示保存成功，并生成供电方案编号。供电方案信息保存如图3-2所示。

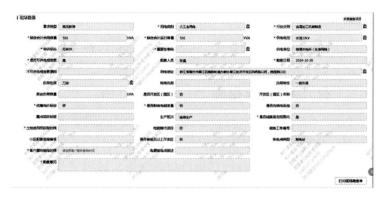

图 3-1　现场勘查界面

图 3-2　供电方案信息保存

3）点击接入方案，打开接入方案 tab 页，点击用电户名称右侧的【＋】号，右侧展示受电点方案信息的窗口，选择受电点类型、受电点名称等信息，点击【保存】按钮，提示保存成功。打开受电点方案信息界面如图 3-3 所示。

4）查看左侧接入方案树，点击受电点名称右侧的【＋】号，右侧展示电源方案信息的窗口。电源方案界面如图 3-4 所示。

5）点击受电设备方案，进入该界面，初始化展示受电设

**图 3 – 3 打开受电点方案信息界面**

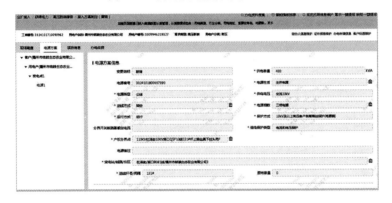

**图 3 – 4 电源方案界面**

备信息，输入设备名称、设备类型、设备型号等信息，点击【保存】按钮，提示保存成功并生成设备编号。

保存设备信息如图 3 – 5 所示。

6）点击计费方案，打开计费方案 tab 页，选择变更说明、定价策略类型、功率因数考核方式等信息，点击【保存】按钮，提示保存成功。定价策略保存如图 3 – 6 所示。

**图 3 – 5　保存设备信息**

**图 3 – 6　定价策略保存**

7）点击左侧计费方案树受电点右侧的【＋】号，计费方案树新增一条电价分支，点击该电价分支，打开右侧电价方案信息窗口，电价方案界面如图 3 – 7 所示。

**图 3 – 7　电价方案界面**

8）点击电价码输入框的【≡】，打开电价码查询窗口，输入供电单位、电价码等信息，点击【查询】按钮，筛选需要的数据，选中需要的数据，点击【确认】按钮，返回到主界面，并将数据带入到电价码、电价名称、电价简称等输入框中。电价码查询如图 3-8 所示。

图 3-8　电价码查询

9）点击电价行业类别输入框的【≡】，打开行业类别查询窗口，选择需要的类别，点击【确认】按钮，返回到主界面。输入是否执行峰谷标志、功率因数标准等信息，点击【保存】按钮，提示保存成功，并生成左侧计费方案树的电价编号。

10）点击计量方案，打开计量方案 tab 页，点击左侧计量方案树中受电点名称右侧的【+】。受电点方案信息界面，如图 3-9 所示。

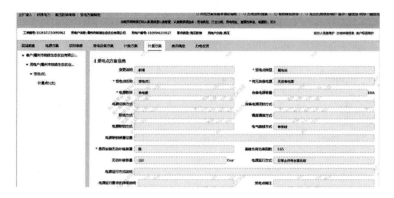

图3-9 受电点方案信息界面

11）打开计量右侧计量点方案信息详情页，默认为计量点基本信息 tab 页，计量点基本信息内容输入，点击【保存】按钮。

12）点击计费关系信息，打开计费关系信息 tab 页，点击【新增】按钮，打开新增窗口创建计量关系，选择相关用户编号、关系分类代码、相关计量点计量方向，输入关系比例值等信息，点击【确定】按钮，关闭当前窗口。计量点关联界面如图3-10所示。

图3-10 计量点关联界面

13）点击电能表方案，打开电能表方案 tab 页，点击
【新增】按钮，下方显示电能表方案明细表单，输入电流、
类别、电压、类型、通信方式、接线方式（接线方式根据通
信方式的选择而变动）等信息，点击【保存】按钮，提示保
存成功，电能表方案信息列表中新增一条数据。电能表方案保
存如图 3 - 11 所示。

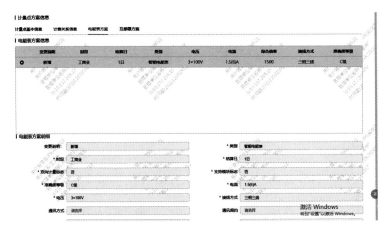

**图 3 - 11　电能表方案保存**

14）点击【互感器方案】，打开互感器方案 tab 页，点击
【新增】按钮，下方显示互感器方案明细表单，输入类别、类
型、电压变比等信息，点击【保存】按钮，提示保存成功，
并在互感器方案信息列表中生成一条数据。

15）点击【业务费确定】，进入业务费确定界面，点击右上
角【新增】按钮，打开应收业务费新增界面，如图 3 - 12 所示。

**图 3 - 12　应收业务费新增界面**

16）输入收费类别，应收金额，点击【保存】按钮，提示保存成功，并返回到主界面，在应收业务费列表中增加一条数据。

17）打开用能数据采集界面，输入用能服务需求内容，点击【保存】按钮，提示保存成功。如图 3 - 13 所示。

**图 3 - 13　用能数据采集**

18）打开用电收资移交查看界面，如图 3 - 14 所示，点击【一键接收】按钮，显示保存成功。

19）打开用电收资资料收集界面，点击【收集】按钮，

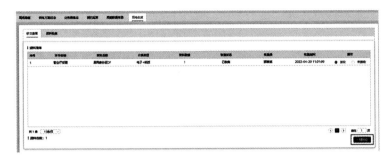

图 3 – 14　用电收资界面

进入档案采集界面，上传附件，点击【确定】按钮，最后点击【保存】按钮。查勘单上传界面如图 3 – 15 所示。

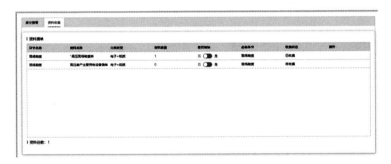

图 3 – 15　查勘单上传界面

20）点击【发送】按钮，页面提示工单发送成功。

（3）注意事项。

1）《国家电网公司业扩报装管理规则》（国家电网企管〔2014〕1082 号）第八十六条严格按照价格主管部门批准的项目、标准计算业务费用、经审核后书面通知企业和群众交费。收费时，应向企业和群众提供相应的票据，严禁自立收费项目或擅自调整收费标准。

2）根据《供电营业规则》第四十七条的规定：供电设施的运行维护管理范围，按产权归属确定。责任分界点按下列各项确定：

a. 公用低压线路供电的，以供电接户线用户端最后支持物为分界点，支持物属供电企业。

b. 10kV及以下公用高压线路供电的，以用户厂界外或配电室前的第一断路器或第一支持物为分界点，第一断路器或第一支持物属供电企业。

c. 35kV及以上公用高压线路供电的，以用户厂界外或用户变电站外第一基电杆为分界点，第一基电杆属供电企业。

d. 采用电缆供电的，本着便于维护管理的原则，分界点由供电企业与用户协商确定。

e. 产权属于用户且由用户运行维护的线路，以公用线路分支杆或专用线路接引的公用变电站外第一基电杆为分界点，专用线路第一基电杆属用户。

### 2. 接入系统设计服务

（1）功能说明。接入系统设计服务是指发展部专职使用电脑终端，拟定35kV企业和群众接入方案；指导110kV及以上企业和群众开展接入系统方案设计、组织110kV及以上企业和群众接入系统设计审查并出具审查意见及接入方案的工作；客户经理使用电脑终端完成方案答复工作。

（2）操作说明。登录系统，点击"工单管理/待办工单"，选择当前流程为接入系统设计服务的单据，点击环节名称中的接入系统设计服务，打开接入系统设计服务界面如图 3 – 16 所示。

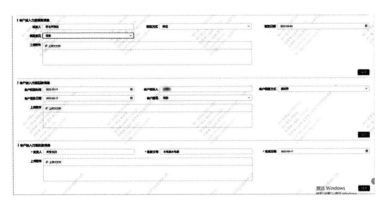

图 3 – 16　接入系统设计服务界面

填入接入方案信息、答复信息、回复信息的内容，点击【保存】按钮，提示保存成功。接入系统设计服务保存如图 3 – 17 所示。

点击【发送】按钮，页面提示工单发送成功。

### 3. 方案审批

（1）功能说明。方案审批是指营销部主任使用电脑设备，对提交的方案及业务费用进行审批，签署审批意见的工作。

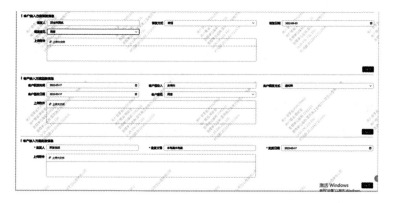

图 3 – 17　接入系统设计服务保存

（2）操作说明。

1）登录系统，点击"工单管理/待办工单"，选择流程名称是"高压新装增容"、环节名称是"方案审批"，单击【查询】按钮，页面显示符合条件的待办工单信息。

2）单击方案审核链接，页面跳转审批信息页面。单击勘察信息、供电方案信息标签页可对具体信息进行查看。

3）在审批信息界面，单击【通过】按钮，弹出输入审核意见弹窗。点击【发送】按钮，页面工单发送成功。

4.　供电方案答复

（1）功能说明。供电方案答复是指高压客户经理使用电脑终端，根据审批确认后的供电方案、审核确定的费用，以网络或书面方式通知企业和群众供电方案及应交业务费用的工作。

（2）操作说明。

1）登录系统，点选"工单管理/待办工单"打开待办窗口，选择当前流程为供电方案答复的单据，点击环节名称中的供电方案答复，打开供电方案答复界面，如图 3 – 18 所示。

**图 3 – 18　供电方案答复界面**

2）初始化供电方案通知界面，输入答复方式，点击通知企业和群众，提示通知成功。输入企业和群众签收日期、签收人，方案确认结果，企业和群众签收意见，点击【保存】按钮，提示保存成功，点击【推送服务】按钮，提示推送成功。

3）点击用电收资，移交查看信息点击【一键接收】按钮，进入档案采集界面，上传附件，点击【确定】按钮，最后点击【保存】按钮。

4）点击【发送】按钮，页面提示工单发送成功。

（3）注意事项。

1）根据《进一步精简业扩手续、提高办电效率的工作意见》（国家电网营销〔2015〕70号）供电方案应在下述时限内书面答复企业和群众，若不能如期确定供电方案时，应主动向企业和群众说明原因。

2）如果方案确认结果为"不同意"，则必须确定是否终止流程。

# 四

# 配套工程建设

本章节讲述了配套工程建设范围、服务流程、合规管理要求以及对应系统操作流程。

## （一）服务流程

（1）业扩配套电网工程建设范围包括：业扩接入引起的公共电网（含输配电线路、开闭站所、环网柜等）新建、改造；各类工业园区、开发区内35kV及以上中心变电站、10（20）kV开关（环网）站所等共用的供配电设施；国家批准的各类新增省级及以上园区内用户红线外供配电设施；电能替代项目、电动汽车充换电设施红线外供配电设施。

（2）强化市场调研分析，提前获取企业和群众潜在用电需求，并通过系统推送发展、运检等部门，提前做好电网规划和建设。对因电网原因暂时接入受限的业扩项目，应按照先接入、后改造要求实施，并纳入受限项目清单。

## （二）合规管理要求

### 1. 配套工程实施滞后

风险点：业扩配套工程组织不力，因工程可研、初设、招投标、物资供应、施工组织不及时或未准确了解用户容量、送电时间等需求，导致未在规定时限内或在用户受电工程完工前完成业扩配套工程建设，影响企业和群众接电时间。

风险影响：配套工程组织不力，拖延为企业和群众送电。

预控措施：

（1）严格按国家电网公司、省公司时限要求，实施业扩配套工程，确保用户及时接电。

（2）推广设计施工一体化，缩短配套工程施工招标等待时间。

（3）落实物资实物储备要求，确定实物储备清单及领用、补库相关要求，确保实物储备物资 3 天配送到现场。

### 2. 涉企违规收费

风险点：违反出资界面原则，变相违规收取或转嫁应由供电公司承担的产权分界点前端的设备及检修费用。

风险影响：国办函〔2020〕129 号文执行不到位，违反出资界面相关政策规定，违规向企业和群众转嫁应由电网投资的设备，增加企业和群众办电成本。

预控措施：

（1）严格按照国家能源局、浙江能监办及电力接入工程费用分担机制等相关政策、文件明确的投资界面执行，规范制定供电方案。

（2）加强供电方案合规性审查，严禁由企业和群众承担应由供电公司出资建设的产权分界点前端的设备及检修费用。

（3）开展企业和群众回访及满意度评价，不定期开展明察暗访，严肃查处转嫁成本的违规行为。

## （三）系统操作指南

### 1. 10（20）kV 企业和群众配套（接入）工程实施

（1）功能说明。运检部专职使用电脑终端，记录10（20）kV企业和群众配套（接入）工程的设计、立项、图纸审查、工程开工、验收送电完成时间的工作。

（2）操作说明。登录系统，点击"工单管理/待办工单"，选择当前流程为10（20）kV及以上企业和群众配套（接入）工程实施的单据，点击环节名称中的10（20）kV及以上企业和群众配套（接入）工程实施，打开实施界面。待办工单列表如图4-1所示，10（20）kV及以上企业和群众配套（接入）工程实施界面如图4-2所示。

**图 4 - 1 待办工单列表**

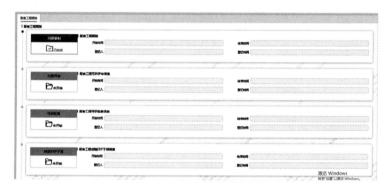

**图 4 - 2 10（20）kV 及以上企业和群众配套（接入）工程实施界面**

点击【发送】按钮，提示进行下一环节。

**2. 35kV 及以上企业和群众配套（接入）工程实施**

（1）功能说明。建设部专职使用电脑终端，记录 35kV 及以上企业和群众配套（接入）工程的设计、立项、图纸审查、工程开工、验收送电完成时间的工作。

（2）操作说明。登录系统，点击"工单管理/待办工单"，选择当前流程为 35kV 及以上企业和群众配套（接入）工程实施的单据，点击环节名称中的 35kV 及以上企业和群众配套

（接入）工程实施，打开 35kV 及以上企业和群众配套（接入）工程实施界面，如图 4 - 3 所示。

**图 4 - 3　35kV 及以上企业和群众配套（接入）工程实施界面**

点击【发送】按钮，页面提示工单发送成功。

# 五

## 受电工程建设

受电工程建设是指企业和群众为满足用电需求而实施的接受与分配电能电气装置的新建或改建工程，是位于产权分界电用户侧的电气设施建设工程。企业和群众在收到供电企业出具的供电方案后，可自主选择有相应资质的设计、施工单位开展受电工程设计与施工。

### （一）服务流程

（1）对重要或有特殊负荷企业和群众（高压多电源企业和群众、专线企业和群众、有自备电厂并网的企业和群众、对电能质量有影响需开展电能质量评估的企业和群众），开展设计文件审查和中间检查。对于普通企业和群众，实行设计单位资质、施工图纸与竣工资料合并报送。

（2）提前告知企业和群众设计单位应具备的资质要求。受理企业和群众受电工程设计文件申请，企业和群众应提交设计审查申请表，设计单位资质等级证书复印件和设计图纸及说明（设计单位盖章），重点审核企业和群众提交资料并查验设计单位资质，设计单位资质是否符合国家相关规定。如资料欠缺或不完整，应告知企业和群众补充完善。

（3）严格按照国家、行业技术标准及供电方案要求，开展重要或特殊负荷企业和群众设计文件审查，审查意见应一次性书面答复企业和群众。重点包括：

1）主要电气设备技术参数、主接线方式、运行方式、线缆规格应满足供电方案要求；通信、继电保护及自动化装置设置应符合有关规程；电能计量和用电信息采集装置的配置应符合《电能计量装置技术管理规程》（DL/T 448—2016）、国家电网公司智能电能表及用电信息采集系统相关技术标准。

2）对于重要企业和群众，应额外审查供电电源配置、自备应急电源及非电性质保安措施等，应满足有关规程、规定的要求。

3）对具有非线性阻抗用电设备（高次谐波、冲击性负荷、波动负荷、非对称性负荷等）的特殊负荷企业和群众，还应审核谐波负序治理装置及预留空间，电能质量监测装置是否满足有关规程、规定要求。

（4）对重要或有特殊负荷企业和群众设计文件审查合格后，应填写企业和群众受电工程设计文件审查意见单，并在审核通过的设计文件上加盖图纸审核专用章，告知企业和群众下一环节需要注意的事项：

1）因企业和群众原因需变更设计的，应填写《企业和群众受电工程变更设计申请联系单》，将变更后的设计文件再次送审，通过审核后方可实施。

2）承揽受电工程施工的单位应具备政府部门颁发的相应资质的承装（修、试）电力设施许可证。

3）工程施工应依据审核通过的图纸进行。隐蔽工程掩埋或封闭前，须报供电企业进行中间检查。

4）受电工程竣工报验前，应向供电企业提供进线继电保护定值计算相关资料。

（5）设计图纸审查期限，自受理之日起，高压企业和群众不超过 3 个工作日。

（6）受理企业和群众中间检查报验申请后，应及时组织开展中间检查。发现缺陷的，应一次性书面通知企业和群众整改，复验合格后方可继续施工。

1）现场检查前，应提前与企业和群众预约时间，告知检查项目和应配合的工作。

2）现场检查时，应查验施工企业、试验单位是否符合相关资质要求，重点检查涉及电网安全的隐蔽工程施工工艺、计量相关设备选型等项目。

3）对检查发现的问题，应以书面形式一次性告知企业和群众整改。企业和群众整改完毕后报请供电企业复验，复验合格后方可继续施工。

4）中间检查合格后，以受电工程中间检查意见单书面通知企业和群众。

5）对未实施中间检查的隐蔽工程，应书面向企业和群众提出返工要求。

（7）中间检查的期限，自接到企业和群众申请之日起，高压供电企业和群众不超过2个工作日。

## （二）服务重点与要点

### 1. 设计资质相关规定

根据中华人民共和国建设部2007年修订的《工程设计资质标准》（2007年修订本）规定，设计资质分为工程设计综合资质、工程设计行业资质、工程设计专业资质、工程设计专项资质四个序列。

（1）工程设计综合资质是指涵盖通用行业的设计资质。

（2）工程设计行业资质是指涵盖某个行业资质标准中的全部设计类型的设计资质。

（3）工程设计专业资质是指某个行业资质标准中某一个专业的设计资质。

（4）工程设计专项资质是指为适应和满足行业发展的需

要，对已形成产业的专项技术独立进行设计，以及设计、施工一体化而设立的资质。

根据《工程设计资质标准》（2007 年修订本）规定，110kV 及以下企业和群众受电工程（包括低压用户受电工程）的设计单位必须取得工程设计综合资质、电力行业工程设计丙级（变电工程、送电工程）以上资质、电力专业工程设计丙级（变电工程、送电工程）以上资质。

220kV 受电工程的设计单位必须取得工程设计综合资质、电力行业工程设计乙级（变电工程、送电工程）以上资质、电力专业工程设计乙级（变电工程、送电工程）以上资质。

330kV 及以上受电工程的设计单位必须取得工程设计综合资质、电力行业工程设计甲级（变电工程、送电工程）资质、电力专业工程设计甲级（变电工程、送电工程）以上资质。

国家电力监管委员会对设计单位的资质有明确规定：设计单位应取得国家发展改革委颁发的相应级别的电力行业设计资质，或国家建设部门颁发的相应级别的电力工程总承包资质。

**2. 设计文件完整性要求**

《供电营业规则》第 43 条规定：高压供电的用户应当提供设计单位资质证明材料、受电工程设计及说明书，一式两份送交供电企业。

## 3. 建筑物、构筑物总平面图的审核要求

应根据供电方案，审查变电站的选址、电气设备的平面布置等是否符合国家相关规定，并满足下列要求：

（1）接近负荷中心。

（2）进出线方便。

（3）接近电源侧。

（4）设备吊装、运输方便。

（5）不应设在有剧烈振动的场所。

（6）不应设在污染源的下风向。

（7）不应设在厕所、浴室或其他经常积水场所的正下方或贴邻。

（8）变、配电站为独立建筑物时，不宜设在地势低洼和可能积水的场所。

（9）变、配电站位于高层建筑（或其他地下建筑）的地下室时，不宜设在最底层。当地下仅有一层时，应当采取适当抬高该站地面等防水措施。

（10）装有可燃性油浸电力变压器，不应设在耐火等级为三、四级的建筑中，在无特殊防火要求的多层建筑中，装有可燃性油的电气设备可设置在底层靠外墙部位，但不应设在人员密集场所的上方、下方、贴邻或疏散出口的两旁。

大、中城市居住小区、人群密集处等民用建筑中不宜采用

露天或半露天的变电站。如确实需要设置时，宜选用带防护外壳的户外成套组合变电站。

**4. 电气图纸的审核要求**

对于受电工程来说，电气图纸是整个设计的核心部分，设计的合理关系着设备和电网的安全运行。应根据供电部门答复的供电方案，对照设计说明，对整个设计的可靠性、合理性、经济性进行审查，电气图纸审核先一次后二次，先高压后低压，先电气后土建。

（1）电气主接线的形式。根据《国家电网公司业扩供电方案编制导则》规定：

两回线路供电的一级负荷：35kV 及以上电压等级应采用单母线分段接线或双母线接线。装设两台及以上主变压器。6~10kV 侧应采用单母线分段接线。10kV 电压等级应采用单母线分段接线。装设两台及以上变压器。0.4kV 侧应采用单母线分段接线。

具有两回线路供电的二级负荷：35kV 及以上电压等级宜采用桥形、单母线分段、线路变压器组接线。装设两台及以上主变压器。中压侧应采用单母线分段接线。10kV 电压等级宜采用单母线分段、线路变压器组接线。装设两台及以上变压器。0.4kV 侧应采用单母线分段接线。

线路供电的一般负荷企业和群众，采用单母线或线路变压器组接线。

（2）进线方式和配电设备的布置方式。进线方式一般可分为架空线路进线和电缆进线。尽管电缆线路存在一次性投资大，成本高，故障点较难发现等缺点，但相对于架空线路进线，电缆进线有着占地面积少、施工方便、故障率少等优点。目前，进线方式大多选择电缆进线，尤其是在 20kV 及以下配电工程中。架空线路进线，多采用穿墙套管方式进线，在 35kV 级以上配电工程中部分采用。

高压单电源供电的高压柜排列顺序为：进线隔离柜、计量柜、进线柜、电压互感器和避雷器组合柜、避雷器柜、出线柜（数量根据供电方案中确认的方案核对）。

设置进线隔离柜的主要目的是考虑中置柜内部空间比较紧凑，接地线比较难装设，另外计量 TA 调换时，隔离柜手车拉出后可为设备检修提供明显断开点。

如果设计备自投功能的，在进线触头柜内需安装一组线路电压互感器，单向备自投只在备供进线隔离柜内安装，双向备自投在主、备供进线隔离柜内均需安装。

对于采用一路主供一路备用的，主、备供进线柜之间需安装电气机械闭锁，但采用备自投的不安装机械闭锁。

对于设备上存在但无法在图纸上描述的设备，以及设备间的关系，图纸上必须有必要的说明。对于图纸中的文字说明部分的审查,是企业和群众受电工程设计文件审查的重要内容。

(3)主要设备的审查。

1)变压器的审查。

综合考虑企业和群众申请容量、用电设备总容量,并结合生产特性兼顾主要用电设备同时率、同时系数等因素后进行审核。在满足近期生产需要的前提下,留有合理的备用容量。在保证受电变压器不超载和安全运行的前提下,应同时考虑减少电网的无功损耗。一般企业和群众的计算负荷宜等于变压器额定容量的 70% ~ 75%。

变压器台数应根据负荷特点和经济运行进行选择。当符合下列条件之一时,宜装设两台及以上变压器:有大量一级或二级负荷;季节性负荷变化较大;集中负荷较大。常见场所变压器选型参考表 5 - 1。

表 5 - 1 常见场所变压器选型参考

| 变压器型式 | 适用范围 | 参考型号 |
| --- | --- | --- |
| 普通油浸式<br>密闭油浸式 | 一般正常环境的变电所 | 应优先选用 S9 ~ S11、S15、S9 ~ M 型配电变压器 |
| 干式 | 用于防火要求较高或潮湿、多尘环境的变电所 | SC(B)9 ~ SC(B)11 等系列树环氧树脂浇铸变压器<br>SG10 型非包封线圈干式变压器 |

| 变压器型式 | 适用范围 | 参考型号 |
|---|---|---|
| 密封式 | 用于具有化学腐蚀性气体、蒸汽或具有导电及可燃粉尘、纤维会严重影响变压器安全运行的场所 | S9—$M_a^b$、S11—M、R型油浸变压器 |
| 防雷式 | 用于多雷区及土壤电阻率较高的山区 | SZ等系列防雷变压器，具有良好的防雷性，能承受单相负荷能力也较强。变压器绕组连接方法一般为D,yn11及Y,zn0 |

当有两台以上变压器需并列运行时，必须符合变压器并列运行的要求：

接线组别相同：接线组别不同，将在二次绕组中产生大的电压差，会产生大于几倍额定电流的循环电流，致使变压器烧毁。

变比差值不得超过±0.5%：变比差值过大，则其二次电压大小不等，二次绕组回路中产生环流，它不仅占有变压器容量，也会增加变压器损耗。

短路电压值不得超过10%：其负荷的分配与短路电压成反比，短路电压小的变压器将超载运行，另一台变压器只有很小的负荷。

两台并列变压器容量比不宜超过3:1。

2）母排、进出线电缆的审查。应根据工作电流、经济电流密度、热稳定等技术条件，结合环境温度等使用环境进行校验。

高、低压母线一般选用铜质或铝质矩形硬母线。母线设三根相排，一根零排，零排的截面规格一般是相排的一半，但若考虑三相不平衡电流较大的情况，则零排选相排同样截面。低压一次系统图中，尚应标明接地线的接线（一般用虚线表示）。三相五线制中，N线一点接地，PE线可两点或多点接地。

任何规格的矩形母排的载流量公式为：

$$40℃时铜排载流量 = 排宽 \times 厚度系数 \qquad (5-1)$$

式中：排宽，mm；厚度系数依次为12～20.5、10～18.5、8～16.5、6～14.5、5～13.5、4～12.5。

$$双层铜排［40℃］= 1.56 - 1.58 单层铜排［40℃］$$

$$铜排［40℃］= 铜排［25℃］\times 0.85$$

$$铝排［40℃］= 铜排［40℃］/1.3$$

例如：单层TMY100×10载流量为：$100 \times 18.5 = 1850$（A）［查手册为1860A］。

3）开关设备的审核。

隔离开关：隔离开关主要用来断开无负荷电流的电路、隔离高压电源，在分闸状态时有明显断开点，以保证其他电气设备安全检修。由于隔离开关没有专门灭弧装置，不允许用来开断负荷电流和短路电流。闸刀、触头的额定电流与断路器相匹配。

负荷开关：具有灭弧机构，但灭弧能力较小，只能切断和接通正常负荷电流，不能用来切断短路电流。负荷开关与高压熔断器配合使用，由负荷开关开断负荷电流，用高压熔断器作为过负荷和短路保护。如果采用负荷开关加高压熔断器的模式，无法配置继电保护，可靠性不如断路器。一旦熔丝故障没有断开，可能引起越级跳闸。

断路器：常用的有 630A、1250A，根据短路电流选择断路器短路开断电流，常用的有 20kA、25kA、31.5kA，一般情况下，对于 10kV 配电系统，选 630A 额定电流、20kA 短路开断电流已能满足要求。实际审图时，对容量较大的项目，其进线柜断路器一般会选 1250A/31.5kA。应该注意的是真空断路器应配置避雷器以防操作过电压。

接地闸刀：接地闸刀用于设备检修时隔离开关和联装的接地开关之间，应设置机械连锁，根据用户的要求也可以设置电气联锁，审图过程中应充分考虑接地闸刀的设置是否合理，会不会引起误操作。为了防止在对侧（电源侧）没有拉闸的情况下误合进线接地闸刀，进线柜不安装接地闸刀。

4）无功补偿装置的审核。对于补偿低压基本无功功率的电容器组，以及常年稳定的无功功率和投切次数较小的高压电容器组，宜采用手动投切。为避免过补偿或在轻载时电压过高，造成某些用电设备损坏等，宜采用自动投切。在采用高、低压自动补偿装置效果相同时，宜采用低压自动补偿装置。

电容器分组时，应与配套设备的技术参数相适应，满足电压偏差的允许范围，适当减少分组组数和加大分组容量。分组电容器投切时，不应产生谐振。

补偿容量的计算：35kV 及以上变电站可按变压器容量的 10%～30% 确定；10kV 变电站可按变压器容量的 20%～30% 确定。

5）计量装置的审核。低压供电的企业和群众，负荷电流为 60A 及以下时，电能计量装置接线宜采用直接接入式；负荷电流为 60A 以上时，宜采用经电流互感器接入式。

高压供电的企业和群众，宜在高压侧计量；但对 10kV 供电且容量在 315kVA 及以下、35kV 供电且容量在 500kVA 及以下的，高压侧计量确有困难时，可在低压侧计量，即采用高供低计方式。

有两条及以上线路分别来自不同电源点或有多个受电点的企业和群众，应分别装设电能计量装置。

企业和群众一个受电点内不同电价类别的用电，应分别装设电能计量装置。

6）变、配电设施"五防装置"审查。五防要求为：防止误分、误合开关；防止带负荷拉、合隔离刀闸；防止带电挂（合）接地线（接地刀闸）；防止带接地线（接地刀闸）合开关（隔离刀闸）；防止误入带电间隔。

电气图纸的设计应考虑"五防"功能在开关柜的实现方式。以 KYN 柜型为例，Ⅰ段进线隔离柜与Ⅰ段进线柜开关之间应加装电气、机械连锁，防止带负荷操作进线隔离手车，从而造成"防止带负荷拉、合隔离开关"，这种电气连锁应在二次图纸上体现出来。

7）继电保护装置的审查。高压为 6 ~ 10kV 的变、配电站主变压器，一般装设有带时限的过电流保护。当过电流保护动作时限大于 0.5 ~ 0.7S，还需装设电流速断保护。按《电力装置的继电保护和自动装置设计规范》（GB 50062—2008）规定，800kVA 及以上的一般场所油浸式变压器和 400kVA 及以上的车间内油浸变压器，都应装设气体保护。容量在 400kVA 及以上的变压器，当数台并列运行或单台运行并作为其他负荷的备用电源时，应根据可能过负荷的情况装设过负荷保护。

电容器装置的开关设备及导体等载流部分的长期允许电流，高压电容器不应小于电容器额定电流的 1.35 倍（考虑油浸铁芯串联电抗为 1.35 倍，电容器本身要求 1.3 倍），低压电容器不应小于电容器额定电流的1.5倍。

《10kV及以下变电站设计规范》第5.1.2条高压熔断器的额定电流应与电容器的最大过电流允许值相配合，其最大过电流为额定电流的1.43倍（1.3倍再考虑10%容量偏差），熔丝应选1.5倍以上，一般选择熔丝为额定电流的1.5~2倍。

低压电容器保护：熔断器应选1.7~1.9（短路保护用）；热继电器选1.15（过负荷用，因热继电器整定值1.2倍2h内不会动作）。

8）应急电源图纸的审查。应急电源常见的种类有：

a. 独立于正常电源的发电机组。包括应急燃气轮机发电机组、应急柴油发电机组。快速自启动的发电机组适用于允许中断供电时间为15s以上的供电。

b. 不间断电源（uninterruptible power system，UPS）。适用于允许中断供电时间为毫秒级的负荷。

c. 应急电源（emergency power supply，EPS）。一种把蓄电池的直流电能逆变成交流电能的应急电源。适用于允许中断供电时间为0.25s以上的负荷。

d. 有自动投入装置的有效地独立于正常电源的专用馈电线路：适用于允许中断供电时间1.5s或0.6s以上的负荷。

e. 蓄电池。适用于容量不大的特别重要负荷，有可能采用直流电源者。

应急电源审查应注意的事项：

a. 自备应急电源配置容量标准应达到保安负荷的120%。

b. 为确保对特别重要负荷的供电，保证应急电源的专用性，严禁将其他负荷接入应急供电系统。

c. 应急电源与电网之间必须采取可靠电气或机械闭锁装置，防止倒送电。

d. 防灾或类似的重要用电设备的两回电源线路应在最末一级配电箱处自动切换。

e. 重要电力用户一般应具备公共应急电源的接入条件。

f. 发电机切换柜可以是自动转换（automatic transfer switch，ATS）开关柜，也可以是安单刀双掷的闸刀简单配置。双掷闸刀的额定电流按较大电流侧电流选择。双掷闸刀应选用四极闸刀，保证零排与相排同步切换。ATS柜本身具有电气、机械闭锁功能。

g. 发电机侧断路器与高压进线断路器进行电气闭锁。高压为双电源，低压两段母线有母分时需特别注意三选二开关闭锁的配置。

### 5. 土建图纸的审核要求

（1）平面布置图的审核。配电室土建图的审核主要内容是审核各平面间距、垂直间距、门的设计等是否符合规范要求，柜体、变压器布置是否合理，预埋件布置等隐蔽工程设计是否到位等。

配电室的门应向外开启。配电装置的长度超过 6m 或配电室长度超过 7m 时，屏后通道应设两个出口，且宜布置在配电室两端。低压配电装置两个出口间的距离超过 15m 时，应增加出口，高压配电室长度大于 60m 时应设三个出口。高压值班室应有一扇向外开启的门，通向高配室的门为双向开启式。

（2）剖面图的审核。剖面图主要审核竖向垂直距离是否符合相关要求：高压配电柜柜顶与屋顶距离不小于 800mm，当有梁时，梁下与柜顶距离不小于 600mm。

露天或半露天变电站的变压器四周应设不低于 1.7m 高的固定围栏（墙）。变压器外廓与围栏（墙）的净距不应小于 0.8m，变压器底部距地面不应小于 0.3m，相邻变压器外廓之间的净距不应小于 1.5m。

设置于变电站内的非封闭式干式变压器，应装设高度不低于 1.7m 的固定遮栏，遮栏网孔不应大于 40mm×40mm。变压器的外廓与遮栏的净距不宜小于 0.6m，安装和检修的必要空间，变压器之间的净距不应小于 1.0m，考虑安全运行和检修的需要。

（3）预埋件布置图的审核。图纸中注释的接地电阻值是否符合要求，接地电阻不大于 4Ω。

接地系统布置图中接地体的位置、间距，布置方式。

人工接地网的外缘应闭合，外缘各角应做成圆弧形，圆弧的半径不宜小于均压带间距的一半。接地网内应敷设水平均压带。接地网的埋设深度不应小于0.6m。

发电机室是否有独立接地网。

（4）照明布置图的审核。应审查照明数量是否足够，考虑检修的安全，灯的位置不宜装设在高、低压封闭配电柜的正上方。在配电室裸导体的正上方，不应布置灯具和明敷线路。当在配电室裸导体上方布置灯具时，灯具与裸导体的水平净距不应小于1.0m。

## （三）合规管理要求

### 1. 报装环节精简不到位

风险点：对10（20）kV普通企业和群众受电工程，未取消设计文件审查、中间检查环节。

风险影响：环节压减落实不到位，未取消普通高压企业和群众设计审核、中间检查环节，存在小微权力和廉政风险。

预控措施：

（1）严格按照公司关于精简环节的工作要求，普通用户不得私自增加办电环节。

（2）开展企业和群众回访及满意度评价，不定期开展明察暗访，对违规行为落实考核。

## 2. 泄露企业和群众办电信息

风险点：以电话、信息、照片、邮件、共享系统账号、开放系统查询权限等形式将企业和群众信息泄露给特定的设计、施工和设备材料供应单位。

风险影响：为特定的设计、施工和设备材料供应单位承揽业务、垄断市场提供便利，违反企业和群众受电工程市场公平竞争原则，存在监管风险。

预控措施：

（1）加强相关人员保密教育和信息安全教育，严格执行《国家电网企业和群众信息保密管理办法》，将企业和群众办电信息纳入商业机密管理，严格落实信息保密制度，规范企业和群众工程信息管理，杜绝企业和群众办电信息违规外泄。

（2）开展企业和群众回访及满意度评价，不定期开展明察暗访，严肃查处涉嫌"三指定"的违规行为。

## 3. 为特定企业承揽业务提供便利

风险点1：降低对特定设计单位的设计审核标准，未按要求开展资质审验、设计审查。对资质不符、资料不全的，组织开展设计审核；对审核不合格的，未提出整改意见。

风险影响：为特定的设计单位承揽业务提供便利，违反企业和群众受电工程市场公平竞争原则，存在监管风险。

预控措施：

（1）严格审核设计单位资质，对资料欠缺或不完整的，应一次性告知企业和群众，补充相关资料。资料补充完整后应及时组织设计审核。

（2）加强客户经理培训，提高安全质量风险防范意识，严格按照业扩报装业务管理、国家及行业标准开展设计审核。

（3）加强业扩档案资料管理，定期开展业扩资料合规性检查，对发现问题落实整改。

（4）开展企业和群众回访及满意度评价，不定期开展明察暗访，对违规行为落实考核。

风险点2：通知或安排特定的设计、施工和设备材料供应单位作为主业人员参与设计文件审核环节。

风险影响：为特定的设计、施工和设备材料供应单位承揽业务、垄断市场提供便利，违反企业和群众受电工程市场公平竞争原则，存在监管风险。

预控措施：

（1）加强相关岗位人员警示教育，提高服务意识、合规意识、风险意识、廉政意识，规范行为。

（2）加强设计审核环节管理，禁止特定的施工和设备材料供应单位人员参与设计文件审核。

（3）开展企业和群众回访及满意度评价，不定期开展明察暗访，严肃查处涉嫌"三指定"的违规行为。

### 4. 直接指定特定企业承揽业务

风险点1：审核通过的设计图纸中有设备型号、厂家等信息，或使用的"业扩配套工程与受电工程典型设计方案"中包含施工、设备材料供应单位信息，或指定设备型号。图审意见中直接标注设备厂家、型号。

风险影响：指定或限定设计、施工和设备材料供应单位，违反企业和群众受电工程市场公平竞争原则，存在监管风险。

预控措施：

（1）加强相关人员的警示教育，提高服务意识、合规意识、风险意识、廉政意识，规范行为。

（2）建立客户经理及协同部门工作人员轮岗制度，定期进行交换轮岗。

（3）严格按照国家设计规范进行设计文件审核，对设计图纸中指定设备型号行为进行整改。

（4）开展企业和群众回访及满意度评价，不定期开展明察暗访，严肃查处涉嫌"三指定"的违规行为。

风险点2：在审图过程中，指定特定设计、施工和设备材料供应单位；明示、暗示企业和群众选择指定设备型号、施工单位才能保证质量，顺利通过竣工检验、按时接电。

风险影响：指定或限定设计、施工和设备材料供应单位，违反企业和群众受电工程市场公平竞争原则，存在监管风险。

预控措施：

（1）加强相关人员的警示教育，提高服务意识、合规意识、风险意识、廉政意识，规范行为。

（2）建立客户经理及协同部门工作人员轮岗制度，定期进行交换轮岗。

（3）开展企业和群众回访及满意度评价，不定期开展明察暗访，严肃查处涉嫌"三指定"的违规行为。

风险点3：在中间检查过程中，指定特定施工和设备材料供应单位；明示、暗示企业和群众选择指定设备型号、施工单位才能保证质量、顺利通过中间检查、竣工检验、按时接电。检查意见中直接标注设备厂家、型号。

风险影响：指定或限定设计、施工和设备材料供应单位，违反企业和群众受电工程市场公平竞争原则，存在监管风险。

预控措施：

（1）加强相关人员的警示教育，提高服务意识、合规意识、风险意识、廉政意识，规范行为。

（2）建立客户经理及协同部门工作人员轮岗制度，定期进行交换轮岗。

（3）开展企业和群众回访及满意度评价，不定期开展明察暗访，严肃查处涉嫌"三指定"的违规行为。

### 5. 设置企业和群众办电障碍

风险点1：故意拖延设计文件审核、中间检查时间，设置前置条件。将企业和群众选择特定设计、施工和设备材料供应单位作为设计审查的前置条件。以搭售、套餐等形式推广新兴业务。

风险影响：为特定的单位承揽业务、垄断市场提供便利，违反企业和群众受电工程和综合能源业务市场公平竞争原则，存在监管风险。

预控措施：

（1）加强相关人员警示教育，提高服务意识、合规意识、风险意识、廉政意识，规范行为。

（2）严格执行发改能源规〔2020〕1479号文要求，在规定时间内完成设计审核。

（3）建立客户经理及协同部门工作人员轮岗制度，定期进行交换轮岗。

（4）市县公司综合能源分支机构要独立于主业运作，聚焦综合能源主营业务，合规拓展市场。

（5）开展企业和群众回访及满意度评价，不定期开展明察暗访，严肃查处涉嫌"三指定"的违规行为。

风险点2：设计审核意见、中间检查意见未落实"一次性告知"，故意将设计审核意见以"挤牙膏"方式分多次告知企业和群众。

风险影响：发改能源规〔2020〕1479 号文执行不到位，未履行一次性告知义务，造成企业和群众重复往返，拖延企业和群众工程进度。

预控措施：

（1）加强客户经理业务培训，按规范要求将审核意见一次性书面告知企业和群众。

（2）开展企业和群众回访及满意度评价，不定期开展明察暗访，对违规行为落实考核。

风险点 3：区别对待不同的企业和群众受电工程的设计、施工和设备材料供应单位，擅自提高审核标准，提出不合理的审核意见。

风险影响：变相设置障碍，造成企业和群众重复往返，拖延企业和群众工程进度。

预控措施：

（1）严格按照国家、行业技术标准组织开展设计文件审核，严禁擅自提高标准。

（2）开展企业和群众回访及满意度评价，不定期开展明察暗访，对违规行为落实考核。

## 6. 办电时间造假

风险点：采用体外流转、压单等方式，规避设计文件审核、中间检查时限考核。相关表单日期空白，无企业和群众签字或业务受理人员伪造企业和群众签名等。业扩流程时序倒置，中间检查资料时间早于供电方案答复、设计文件审核等环节时间不符合逻辑，中间检查环节秒发，与设计文件审核、竣工检验环节同一天完成。

风险影响：发改能源规〔2020〕1479 号文执行不到位，未如实记录用电报装时间信息，存在涉嫌"三指定"监管风险。

预控措施：

（1）深入开展业扩流程体外循环专项治理，业扩流程应实时录入系统。

（2）加大"网上国网"App 宣传，推广企业和群众自主线上办电，减少线下营业厅受理，杜绝流程体外流转。

（3）加强业扩流程规范性监督考核，严肃查处流程压单、体外循环等行为。

（4）开展企业和群众回访及满意度评价，不定期开展明察暗访，对违规行为落实考核。

## 7. 涉企违规收费

风险点：违反出资界面原则，变相违规收取或转嫁应由供电公司承担的产权分界点前端的设备及检修费用。

风险影响：国办函〔2020〕129 号文执行不到位，违反出资界面相关政策规定，违规向企业和群众转嫁应由电网投资的设备，增加企业和群众办电成本。

预控措施：

（1）严格按照国家能源局、浙江能监办及电力接入工程费用分担机制等相关政策、文件明确的投资界面执行，规范制订供电方案。

（2）加强供电方案合规性审查，严禁由企业和群众承担应由供电公司出资建设的产权分界点前端的设备及检修费用。

（3）开展企业和群众回访及满意度评价，不定期开展明察暗访，严肃查处转嫁成本的违规行为。

## （四）系统操作指南

### 1. 设计文件受理

（1）功能说明。设计文件受理是指高压客户经理或建设部专职使用电脑终端，组织 10（20）kV 重要电力用户或 35kV 及以上企业和群众业扩受电工程设计图纸审查并出具审查意见的工作。

（2）操作说明。登录系统，点击"工单管理/待办工单"，选择当前流程为设计文件受理的单据，点击环节名称中的【设计文件受理】，打开图纸审查界面。设计文件受理初始化界面如图 5-1 所示。

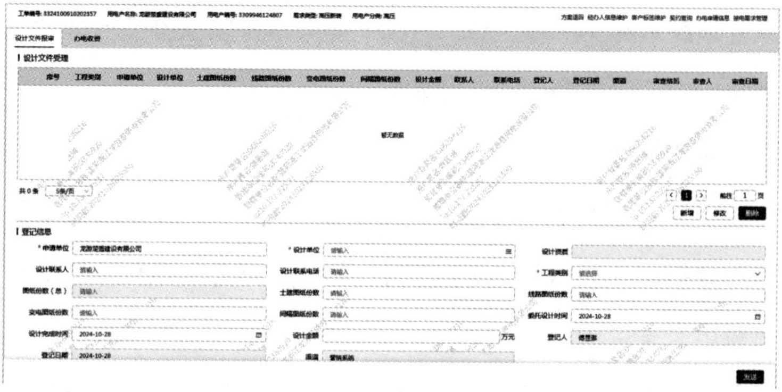

**图 5－1　设计文件受理初始化界面**

初始化图纸受理界面，点击【新增】按钮，下方设计文件受理详细信息。输入申请单位、工程类别、设计单位、设计资质、联系人、联系人电话、报验人等信息，点击【保存】按钮，提示保存成功，并返回主界面，在设计文件审查列表中展示数据。设计文件受理新增界面如图 5－2 所示。

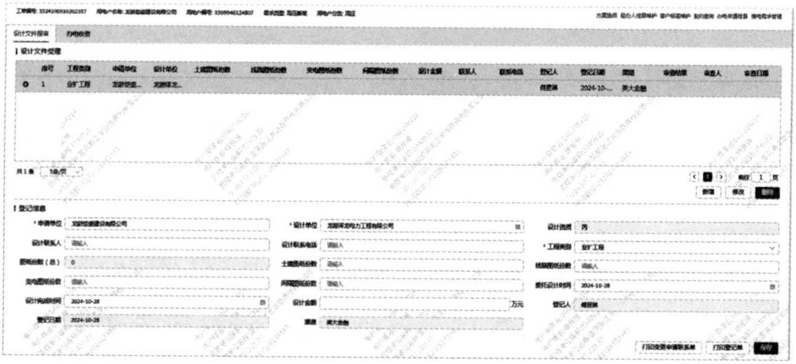

**图 5－2　设计文件受理新增界面**

打开用电收资页面，点击【一键接收】按钮后再点击【发送】按钮，页面提示工单发送成功。

**2. 设计文件审核**

（1）功能说明。高压客户经理或建设部专职使用电脑终端，组织 10（20）kV 重要电力用户或 35kV 及以上企业和群众业扩受电工程设计图纸审查并出具审查意见的工作。

（2）操作说明。登录系统，点击【工单管理/待办工单】，选择当前流程为设计文件审查单据，点击环节名称中的【设计文件审核】，打开图纸审查界面。设计文件审查初始化界面如图 5 - 3 所示。

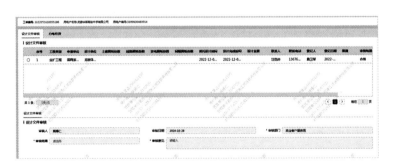

**图 5 - 3 设计文件审查初始化界面**

初始化设计文件审查界面，在设计文件审核中选择一条数据，录入审核部门、审核结果、审核意见等信息，点击【保存】按钮。设计文件审核界面如图 5 - 4 所示。

点击【发送】按钮，页面提示工单发送成功。

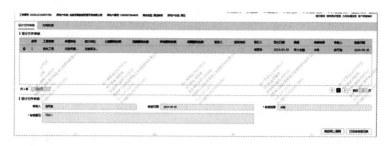

图5-4 设计文件审核界面

### 3. 中间检查受理

（1）功能说明。高压客户经理使用电脑终端，组织35kV及以上企业和群众受电工程中间检查并出具检查意见的工作。

（2）操作说明。登录系统，点击【工单管理/待办工单】，选择当前流程为中间检查受理的单据，点击环节名称中的【中间检查受理】，打开中间检查界面。中间检查初始化界面如图5-5所示。

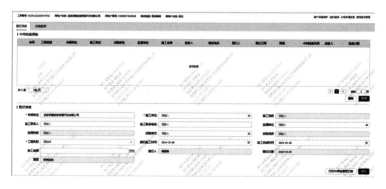

图5-5 中间检查初始化界面

输入施工单位、联系人、联系人电话、报验人等信息，点击【保存】按钮，提示保存成功并在主界面中生成一条数据。中间检查新增成功如图 5-6 所示。

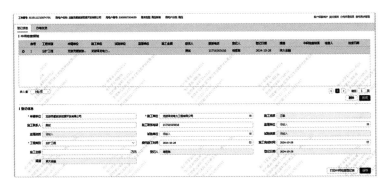

图 5-6　中间检查新增成功

点击【发送】按钮，页面提示工单发送成功。

### 4. 中间检查

（1）功能说明。高压客户经理使用电脑终端，组织 35kV 及以上企业和群众受电工程中间检查并出具检查意见的工作。

（2）操作说明。登录系统，点击【工单管理/待办工单】，选择当前流程为中间检查的单据，点击环节名称中的【中间检查】，打开中间检查界面。中间检查初始化界面如图 5-7 所示。

输入检查内容、检查结果、检查意见等信息，点击【保

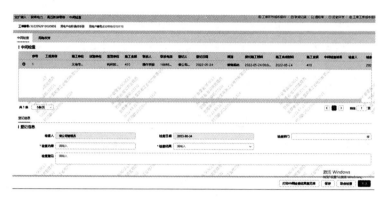

**图 5 - 7　中间检查初始化界面**

存】按钮，提示保存成功并在主界面中生成一条数据。中间
检查登记信息如图 5 - 8 所示。

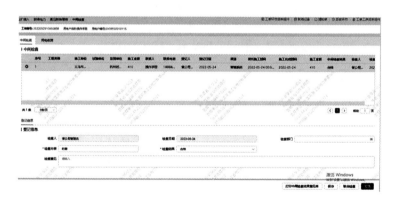

**图 5 - 8　中间检查登记信息**

点击【发送】按钮，页面提示工单发送成功。

# 六

# 竣工验收

本章主要介绍了高压业扩项目的竣工验收环节的服务流程、服务重点与要点及合规管理要求，并附上系统操作指南，主要介绍了该环节在营销系统流程中该如何正确操作。

## （一）服务流程

（1）简化竣工检验内容，重点查验可能影响电网安全运行的接网设备和涉网保护装置，取消企业和群众内部非涉网设备施工质量、运行规章制度、安全措施等竣工检验内容；优化企业和群众报验资料，普通企业和群众实行设计、竣工资料合并报验，一次性提交。

（2）首次在本辖区内开展电气设计的单位，属地单位须对设计单位资质进行审查，审查内容包括营业执照原件、法人身份证原件、工程设计资质证书原件等。

（3）首次在本辖区内开展电气施工的单位，属地单位须对施工单位资质进行审查，审查内容包括营业执照原件、法人身份证原件、承装（修、试）电力设施许可证原件、安全生产许可证原件、建筑业企业资质证书（电力工程专业）原件、当地负责人聘任文书、相应等级的专业技术及技能人员的资格证书、社保缴纳证明等。

（4）竣工检验分为资料查验和现场查验。

1）资料查验。受理企业和群众提交的竣工报验申请，应审核材料是否齐全有效，主要包括：

a. 高压企业和群众竣工报验申请表。

b. 设计、施工、试验单位资质证书复印件。

c. 加盖出图章的工程竣工图及说明。

d. 电气试验及保护整定调试记录，主要设备的型式试验报告，接地电阻测量记录。

2）现场查验。应与企业和群众预约检验时间，组织相关单位开展竣工检验工作，按照国家、电力行业标准、规程与企业和群众竣工报验资料，对受电工程涉网部分进行全面检验。对于发现缺陷的，应以受电工程竣工检验意见单形式一次性告知企业和群众，复验合格后方可接电。查验内容包括：

a. 电源接入方式、受电容量、电气主接线、运行方式、无功补偿、自备电源、计量配置、保护配置、通信配置等是否符合供电方案。

b. 电气设备符合国家的政策法规，是否存在使用国家明令禁止的电气产品。

c. 试验项目齐全、结论合格。

d. 计量装置配置和接线符合计量规程要求。

e. 冲击负荷、非对称负荷及谐波源设备是否采取有效的治理措施。

f. 双（多）路电源闭锁装置可靠，自备电源管理完善、单独接地、投切装置符合要求。

g. 重要电力用户保安电源容量、切换时间满足保安负荷用电需求，非电保安措施及应急预案完整有效。

h. 供电企业认为必要的其他资料或记录。

3）竣工检验合格后，应根据现场情况最终核定计费方案和计量方案，记录资产的产权归属信息，告知企业和群众检查结果，并及时办结受电装置接入系统运行的相关手续。

（5）竣工验收的期限，自受理之日起，高压企业和群众竣工验收不超过 3 个工作日。

## （二）服务重点与要点

### 1. 受电线路验收要求

安全距离：电缆线路、电缆及附件的安全距离符合规范要求。

命名：线路命名符合要求（双重命名，如 10kV 龙岗 7311 线）。

挂牌：架空线路已挂杆号牌，杆号牌设置明显，杆塔有明显 3m 线。电缆线路已挂牌，挂牌符合要求（起点、终点、型号、长度）。

其他装置：柱上开关、跌落式熔断器、避雷器等安装正确；连接可靠，高压电缆采用单独接地；电缆路径标识明显，支架安装合理牢固，防护措施完善；同电缆通道内重要回路的两条电缆实行耐火分割；电缆井盖板平整完好，井内已清淤，无积水；电缆头搭接的接触面符合要求，采用薄纸插入的方式进行检查，以不能插入为合格。

### 2. 配电室（变压器室）验收要求

防小动物措施：电缆洞孔用防火堵料全部封堵；通风口设置钢网遮拦，窗户设置钢网遮拦；配电室门槛安装防小动物挡板。

门、窗：高压室、变压器室、低压室门向外开启，严禁采用门闩；配电室之间的门能双向开启；采用阻燃或不燃材料的防火门；配电室出口数量符合要求（大于 7m 的 2 个；大于 60m 的 3 个）；高压配电室窗台距室外地坪高度达到 1.8m。

电缆沟：通道通畅，盖板整齐平整，排水良好，集水及泄水措施齐全。

通道与距离：屋内通道宽度符合要求（见表 6-1），维护通道无杂物；变压器外廓与墙壁和门净距符合要求（见

表6-2）；变压器之间净距符合要求（见表6-3）。

**表6-1 高压配电室内通道最小宽度** 单位：mm

| 布置方式 | 柜后维护通道 | 柜前操作通道 | |
|---|---|---|---|
| | | 固定式 | 抽屉式 |
| 单排布置 | 800 | 1500 | 单车长度+1200 |
| 双排面对面 | 800 | 2000 | 双车长度+900 |
| 双排背对背 | 1000 | 1500 | 单车长度+1200 |

**表6-2 屋内油浸变压器外廓与变压器墙壁和门的最小净距** 单位：mm

| 型式 | 项目 | 1000kVA及以下 | 1250kVA及以上 |
|---|---|---|---|
| 油浸式 | 变压器与后壁、侧墙之间 | 600 | 800 |
| | 变压器与门之间 | 800 | 1000 |
| 非封闭干式 | 外廓与四周墙壁 | 600 | |
| | 干式变压器之间 | 1000 | |

**表6-3 油量为2500kg及以上的屋外油浸变压器之间最小净距** 单位：m

| 电压等级 | 最小净距 |
|---|---|
| 35kV及以下 | 5 |
| 66kV | 6 |
| 110kV | 8 |

照明与排风：室内照明是否充足，必要时，应配备应急照明。并且需考虑更换维修的安全距离；有 $SF_6$ 开关设备时，报

警及排风装置设置合理。

设备命名：所有柜、屏上的压板、标示牌、光字牌、指示灯、KK 开关、继电器等规范命名；所有高压柜、低压柜、屏、变压器的命名规范，采用双重命名、前后命名。双重命名为名称和编号。例如：0.4kV 1 号低压柜；0.4kV Ⅰ段母线电容柜；一次设备采用黄、绿、红色标；一次熔丝（如所用屏）、二次熔丝、二次空气开关采用吊牌命名。

安全工器具：验电笔、接地线、绝缘手套、绝缘靴、绝缘垫、标示牌、安全遮栏、灭火器等配置齐全，试验合格；安全帽、接地线、验电笔、绝缘手套、绝缘靴编号存放；安全工具放置合理，绝缘垫铺设符合要求。

警示标志：变压器、配电室外已命名，悬挂明显警示标志；安全遮拦、各类标识牌配备齐全。

其他：配电室、变压器室、电容器室、控制室内没有其他无关的管道通过；配电室接地装置独立接地，不与建筑主体接地共用；配电室地面平整、墙面抹灰刷白。

### 3. 接电装置验收要求

色标：外露的接地排采用黄、绿相间的条纹色标。

接地设置：高压柜、低压柜内设置独立的接地排，接地排的两侧单独与接地网连接。接地线离墙不应小于 10mm。

接触面：接地排的截面选择符合规程要求。（高压配电柜：25kA/4S 系统接地铜排截面面积不小于 225mm²，31.5kA/4S 系统接地铜排截面不小于 287mm²。低压配电柜一般为相线截面的 1/2；搭接面符合要求：扁铁为其宽度的 2 倍（至少 3 个棱边焊接）、圆钢为其直径的 6 倍、圆钢与扁铁连接时，其长度为圆钢直径的 6 倍。

钢接地体和接地线截面：圆钢直径（mm）符合要求：地上 – 室内 6 室外 8、地下 – 室内 10 室外 12；扁铁截面厚度（mm × mm）符合要求：地上 – 室内 60mm × 3mm 室外 100mm × 4mm、地下 – 室内 100mm × 4mm 室外 100mm × 6mm；角钢厚度和钢管管壁厚度（mm × mm）符合要求：地上 – 室内 2mm × 2.5mm 室外 2.5mm × 2.5mm、地下 – 室内 4mm × 3.5mm 室外 6mm × 4.5mm。

连接：接地体的连接必须采用焊接，焊接必须牢固无虚接；接地线和接地极的连接，宜用焊接；接地线和电气设备的连接，可用螺栓连接或焊接。用螺栓连接时，应设防松螺母或防松垫片。

### 4. 变压器验收要求

规格型号：变压器容量、型号、接线组别与设计及试验报告相符。

接地：变压器外壳两侧单独接地，接地可靠；接地排有黄、绿相间的条纹色标。

安装质量：主变压器中性点接地可靠；变压器呼吸器硅胶干燥，无变色；变压器油位正常，本体无漏油、渗油现象。散热器及所有附件无漏油、渗油现象；变压器的一次、二次端子接线连接良好可靠。套管表面无裂缝、伤痕；相色标志正确；变压器蓄油池排油畅通，卵石铺设完毕并符合要求（厚度不应小于250mm，卵石直径为50～80mm）；变压器周围设围栏，围栏高度不应低于1.8m，围栏网孔不应大于40×40mm，围栏上命名并悬挂警示牌；压力释放装置的安装方向正确，阀盖和升高座内部应清洁；气体继电器的轻瓦斯放气螺栓旋松放过气；干式变压器外壳无裂纹，三相分接头一致，热敏电阻安装位置正确、合理，温度检测装置、风机降温正常，防误闭锁装置可靠。

### 5. 开关柜验收要求

规格型号：型号、规格与设计及试验报告相符。

接地：开关柜两端可靠接地，柜与柜之间采用接地母排可靠连接，与基础连接可靠；避雷器接地可靠，接地应直接在接地排上，不采用过渡接地。

柜内设备配置（重点查验进线柜内及计量柜）：设备选型符合要求，与图纸相符；设备安装位置合理，与图纸相符；"五防"配置及程序合理可靠；开关、闸刀分合闸指示位置正确、传动机构灵活；铜铝连接处应有铜铝过渡措施，接头连接紧密可靠；闸刀触头接触良好，无卡阻现象，涂有导电膏。做传动试验，能可靠分合，确保同期带电部位间、带电部位对外壳的安全距离符合要求（1kV 以下 20mm、10kV 以下 125mm、20kV 以下 180mm）；观察一次相位正确，色标正确；互感器安装符合要求，型号、规格、精度、变比与设计相符。本体无裂纹、破损、外表整洁、无渗漏油；双电源闭锁装置可靠，不允许高压侧合环运行，相位一致。

电容柜：电容器无功补偿控制器取样电流回路接线正确。外壳无鼓肚、无渗漏油现象，套管无裂纹。电容器容量配置足够，安装自动补偿装置。电容器外壳应可靠接地。试验项目齐全、结论合格；安装符合要求，型号、规格、容量与设计相符。熔断器熔丝的额定电流符合电容器容量要求。交流接触器型号、规格符合设计要求，限流电阻安装正确，连接牢固，放电回路完整。

### 6. 计量装置验收要求

防窃电要求：计量柜（箱）、侧板、顶等安全牢固，加封后应达到全封闭；计量柜（箱）内部所有洞孔要求全部封堵。

施封装置：计量柜（箱）能够开启的前、后门及旁板等安装施封装置。

### 7. 继电保护（重点查验进线继电保护传动）验收要求

定值：检查保护定值和定值单数据一致，用户与试验单位已签字确认。

传动试验：进线二次回路联动试验（可要求现场进行或前期试验过程时检查），确认动作值与试验报告一致；主变压器保护传动试验（可抽查）；调度通信设备符合要求（《国家电网公司业扩供电方案编制导则》第12.4条）。

### 8. 电能质量验收要求

对于存在冲击负荷、非对称负荷及谐波源设备等非线性用电设备的，已采取有效的治理措施。

## （三）合规管理要求

### 1. 为特定企业承揽业务提供便利

风险点：降低对特定施工、设备供应单位的竣工检验标准，未按要求开展资质及报验资料审核、现场检查。对资质不符、资料不全的，组织开展现场检验；对验收不合格的，安排送电。

风险影响：为特定的设计单位承揽业务提供便利，违反企业和群众受电工程市场公平竞争原则，存在监管风险。

预控措施：

（1）严格审核竣工报验资料和设计、施工单位资质，对资料欠缺或不完整的，应一次性告知企业和群众，补充相关资料；资料补充完整后，应及时组织开展现场验收。

（2）加强企业和群众培训，提高安全质量风险防范意识，严格按照国家及行业标准开展竣工检验，验收合格后方可送电。

（3）开展企业和群众回访及满意度评价，不定期开展明察暗访，对违规行为落实考核。

**2. 设置企业和群众办电障碍**

风险点1：故意拖延竣工检验和装表接电，设置前置条件。将企业和群众选择特定施工和设备材料供应单位作为竣工检验和装表接电的前置条件。以搭售、套餐等形式推广新兴业务。

风险影响：为特定的单位承揽业务、垄断市场提供便利，违反企业和群众受电工程和综合能源业务市场公平竞争原则，存在监管风险。

预控措施：

（1）加强相关人员警示教育，提高服务意识、合规意识、风险意识、廉政意识，规范行为；建立客户经理及协同部门工作人员轮岗制度，定期进行交换轮岗。

（2）严格执行发改能源规〔2020〕1479号文要求，在规定时间内完成竣工检验、装表接电。

（3）市县公司综合能源分支机构要独立于主业运作，聚焦综合能源主营业务，合规拓展市场。

（4）开展企业和群众回访及满意度评价，不定期开展明察暗访，严肃查处涉嫌"三指定"的违规行为。

风险点 2：竣工检验意见未落实"一次性告知"，故意将竣工检验意见以"挤牙膏"方式分多次告知企业和群众。

风险影响：发改能源规〔2020〕1479 号文执行不到位，未履行一次性告知义务，造成企业和群众重复往返，拖延企业和群众工程进度。

预控措施：

（1）加强客户经理业务培训，按规范要求将审核意见一次性书面告知企业和群众。

（2）开展企业和群众回访及满意度评价，不定期开展明察暗访，对违规行为落实考核。

风险点 3：区别对待不同的企业和群众受电工程的设计、施工和设备材料供应单位，擅自提高验收标准，提出不合理的验收意见。

风险影响：变相设置障碍，造成企业和群众重复往返，拖延企业和群众工程进度。

预控措施：

（1）严格按照国家、行业技术标准组织开展竣工检验，严禁擅自提高标准或区别对待。

（2）开展企业和群众回访及满意度评价，不定期开展明察暗访，对违规行为落实考核。

### 3. 办电时间造假

风险点：采用体外流转、压单等方式，规避竣工检验、装表接电环节时限考核。相关表单日期空白，无企业和群众签字或业务受理人员伪造企业和群众签名等。业扩流程时序倒置，竣工资料时间早于供电方案答复，设计文件审核、中间检查等环节时间。环节时间不符合逻辑，竣工检验、装表接电环节秒发，或与中间检查环节同一天完成。

风险影响：发改能源规〔2020〕1479号文执行不到位，未如实记录用电报装时间信息，存在涉嫌"三指定"监管风险。

预控措施：

（1）深入开展业扩流程体外循环专项治理，业扩流程应实时录入系统。

（2）加大"网上国网"App宣传，推广企业和群众自主线上办电，减少线下营业厅受理，杜绝流程体外流转。

（3）加强业扩流程规范性监督考核，严肃查处流程压单、体外流转等行为。

（4）开展企业和群众回访及满意度评价，不定期开展明察暗访，对违规行为落实考核。

## （四）系统操作指南

### 1. 竣工报验

（1）功能说明。竣工报验是指受理人员/客户经理使用电脑终端，受理受电工程竣工报告及相关资料，或企业和群众使用"网上国网"App，提交受电工程竣工报告及相关资料，由相关部门进行竣工验收的工作。

（2）操作说明。

1）登录系统，点选【工单管理/待办工单】打开待办窗口，选择当前流程为竣工报验的单据，点击环节名称中的【竣工报验】，打开竣工报验界面，填入报验人、报验日期、报验备注等信息，点击【保存】按钮，提示保存成功。竣工报验信息保存如图 6-1 所示。

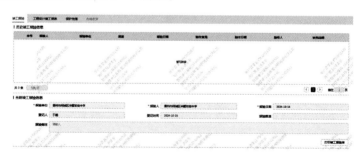

图 6-1　竣工报验信息保存

2）点击保护定值 tab 页，打开保护定值界面，初始化定值保护信息。保护定值初始化界面如图 6-2 所示。

**图 6 - 2　保护定值初始化界面**

3）打开工程设计施工信息 tab 页，点击【新增】增加设计单位信息、施工单位信息，其他信息，输入物资供应完成时间、土建完成时间、监理单位等信息，点击【保存】按钮。工程设计施工信息如图 6 - 3 所示。

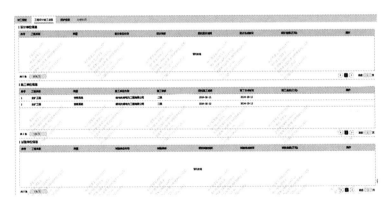

**图 6 - 3　工程设计施工信息**

4）点击停（送）电计划 tab 页，打开停（送）电计划界面，可以对之前环节填入的信息进行修改，点击【保存】按钮，提示保存成功。停（送）电计划保存如图 6 - 4 所示。

图 6-4 停（送）电计划保存

5）点击用电收资，移交查看信息点击【一键接收】。

6）点击【发送】按钮，页面提示工单发送成功。

（3）注意事项。对资质等级与电压等级进行校验，校验
规则见表 6-4。

表 6-4　　电力施工资质类型、等级及对应电压等级明细表

| 资质类型 | 资质等级 | 资质等级匹配的电压等级 |
| --- | --- | --- |
| 承装电力设施资质 | 一级 | 所有电压等级 |
| 承装电力设施资质 | 二级 | 220kV 以下 |
| 承装电力设施资质 | 三级 | 110kV 以下 |
| 承装电力设施资质 | 四级 | 35kV 以下 |
| 承装电力设施资质 | 五级 | 10kV 及以下 |
| 承修电力设施资质 | 一级 | 所有电压等级 |
| 承修电力设施资质 | 二级 | 220kV 以下 |
| 承修电力设施资质 | 三级 | 110kV 以下 |
| 承修电力设施资质 | 四级 | 35kV 以下 |
| 承修电力设施资质 | 五级 | 10kV 及以下 |
| 承试电力设施资质 | 一级 | 所有电压等级 |
| 承试电力设施资质 | 二级 | 220kV 以下 |

续表

| 资质类型 | 资质等级 | 资质等级匹配的电压等级 |
|---|---|---|
| 承试电力设施资质 | 三级 | 110kV 以下 |
| 承试电力设施资质 | 四级 | 35kV 以下 |
| 承试电力设施资质 | 五级 | 10kV 及以下 |
| 电力工程施工总承包资质 | 一级 | 所有电压等级 |
| 电力工程施工总承包资质 | 二级 | 220kV 以下 |
| 电力工程施工总承包资质 | 三级 | 110kV 以下 |

## 2. 竣工验收

（1）功能说明。高压客户经理使用电脑终端，按照国家和电力行业颁发的设计规程、运行规程、验收规范和安全防范措施等要求，根据企业和群众提供的竣工报告和资料，组织相关部门对受电工程进行全面检查、验收，并向运检部门推送企业和群众意向接电时间的工作。

（2）操作说明。

1）登录系统，点选【工单管理/待办工单】，打开待办窗口，选择当前流程为竣工验收的单据，点击环节名称中的【竣工验收】，打开竣工验收界面，输入验收部门、验收人、验收意见、验收时间等信息，点击【保存】按钮，提示保存成功。竣工验收新增界面如图 6 - 5 所示。

2）打开供电方案拟定 tab 页，点击【保存】按钮，提示保存成功。供电方案拟定界面如图 6 - 6 所示。

图6-5 竣工验收新增界面

图6-6 供电方案拟定界面

3）打开受电设备信息窗口，输入受电设备基本信息、位置信息、变压器损耗计算信息等内容，点击【保存】按钮，提示保存成功。受电设备信息界面如图6-7所示。

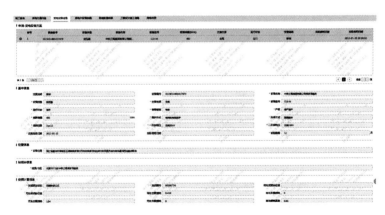

图6-7 受电设备信息界面

4）点击【用电收资】，移交查看信息，点击【一键接
收】。点击【收集】按钮，上传附件，点击【保存】按钮，点
击【发送】按钮，页面提示工单发送成功。

# 七

# 收费及合同签订

收费是指根据《浙江省物价局关于减低高可靠性供电费和临时接电费用收费标准的通知》（浙价资〔2017〕46号文）（简称浙价资〔2017〕46号文）文件要求，对申请新装及增加用电容量的两路及以上多回供电（含备用电源、保安电源）用电人，除供电容量最大的供电回路外，对其余供电回路按文件规定收取高可靠性供电费用。合同签订是指为维护正常的供用电秩序，依法保护供电人和用电人的合法权益，双方签订供用电合同的过程。

## （一）服务流程

（1）严格按照价格主管部门批准的项目、标准计算和确定业务费用，经审核后书面通知企业和群众交费。收费时，应向企业和群众提供相应的票据，严禁自立收费项目或擅自调整收费标准。

（2）根据国家电网有限公司下发的统一供用电合同文本，

与企业和群众协商拟订合同内容，形成合同文本初稿及附件。电气化铁路企业和群众应签订《电气化铁路牵引站供用电合同》。对于低压居民企业和群众，精简供用电合同条款内容，采取背书方式签订合同，或通过"网上国网"App、移动作业终端电子签名方式签订。

（3）供用电合同文本经双方审核批准后，由双方法定代表人、企业负责人或授权委托人签订，合同文本应加盖双方的供用电合同专用章或公章后生效；如有异议，由双方协商一致后确定合同条款。利用密码认证、智能卡、手机令牌等先进技术，推广应用供用电合同网上签约。

## （二）服务重点与要点

（1）严格按照《关于清理规范城镇供水供电供暖行业收费促进行业高质量发展意见的通知》（国办函〔2020〕129号）（简称国办函〔2020〕129号文）和上级部门要求，自2021年3月1日起，取消供电企业及其所属或委托的安装工程公司在用电报装工程验收接入环节向用户收取的移表费、计量装置赔偿费、环境监测费、高压电缆介损试验费、高压电缆震荡波试验费、低压电缆试验费、低压计量检测费、互感器试验费、网络自动化费、配电室试验费、开闭站集资费、调试费、保护定值整定费、带电作业费等类似名目费用。

（2）供用电合同编号应符合公司合同编号规则。签订的供用电合同均应经法定代表人（负责人）或授权委托代理人签字，并加盖供用电合同专用章，所有供用电合同应加盖合同骑缝章。供用电合同专用章由负责经济法律工作的部门授权供用电业务相关部门使用。

（3）书面供用电合同期限为：高压用户不超过 5 年；低压用户不超过 10 年；临时用户不超过 3 年；委托转供电用户不超过 4 年。

## （三）合规管理要求

涉企违规收费如下。

风险点：在企业和群众已按规定进行相关电气试验并取得试验合格证的情况下，仍要求企业和群众重复出资开展电气试验，或要求用户额外开展高压电缆介损试验、高压电缆震荡波试验等试验项目。

风险影响：国办函〔2020〕129 号文执行不到位，收取不合理费用，增加企业和群众办电成本。

预控措施：

（1）加强验收合规管理，不得要求企业和群众重复开展电气试验，或额外开展高压电缆介损试验、高压电缆震荡波试验等试验项目。

（2）开展企业和群众回访及满意度评价，不定期开展明察暗访，严肃查处转嫁成本的违规行为。

## （四）系统操作指南

### 1. 业务费收取

（1）功能说明。业务费收取是指受理人员使用电脑，收取高可靠性费用等相关业务费用的工作。业务费可分次收取。

（2）操作说明。

1）登录系统，点选【工单管理/待办工单】，打开待办窗口，选择当前流程为业务费收取的单据，点击环节名称中的【业务费收取】，打开业务费收取界面，如图 7 - 1 所示。

图 7 - 1　业务费收取界面

2）查看应收业务费信息是否有结清（需要收费人员点击计费结算/支付结算/电力网点交费/电力网点缴费菜单中查看用户是否已经缴费），如果全部结清且数据无误，点击【发送】按钮，页面提示工单发送成功。

**2. 合同起草**

（1）功能说明。高压客户经理使用电脑终端，选择相应的供用电合同范本、电费结算协议范本等，并在此范本的基础上编制供用电合同的工作。

（2）操作说明。

1）登录系统，点选【工单管理/待办工单】，打开待办窗口，选择当前流程为合同起草的单据，点击环节名称中的【合同起草】，打开合同起草初始化界面，如图 7-2 所示。

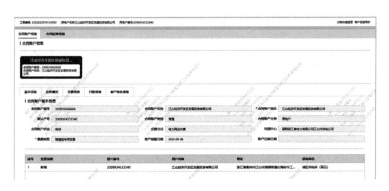

**图 7-2 合同起草初始化界面**

2）点击合同起草信息，切换到合同起草信息 tab 页，点击右上角【≅】，打开合同模板信息选择窗口，选择合同类型等信息，点击【查询】按钮，筛选出需要的数据，选择一条信息点击【保存】按钮，关闭当前窗口，并将数据返回到主界面。保存合同模板信息如图 7-3 所示。

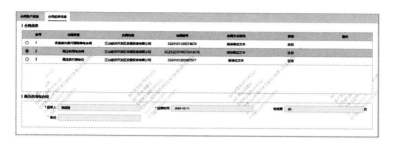

图 7 - 3　保存合同模板信息

3）点击【发送】按钮，页面提示工单发送成功。

（3）注意事项。合同应具有合同编号，合同编号的编码规则根据《国家电网公司合同管理办法》国网（法/2）134 - 2017，年代代码：由合同生成年份确定。

**3. 合同审批**

（1）功能说明。营销部主任使用电脑并按照法律法规及国家有关政策，对提交的供用电合同进行审批并签署审批意见的工作。

（2）操作说明。

1）登录系统，点选【工单管理/待办工单】，打开待办窗口，选择当前流程为合同审批的单据，点击环节名称中的【合同审批】，打开合同审批界面，如图 7 - 4 所示。

2）点击【通过】，打开通过审批窗口，填入审批意见，点击【确认】按钮，提示审批通过，流程进入下一个环节。点击【不通过】，打开通过审批窗口，必须填入不通过原因，

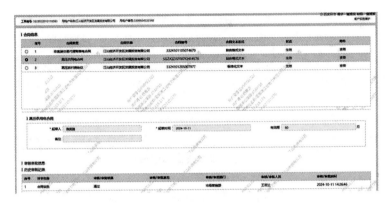

图7-4 合同审批界面

点击【确认】按钮，提示审批不通过，流程回退上一个环节。

### 4. 合同签订

（1）功能说明。高压客户经理使用电脑终端，与用电企业和群众签订供用电合同及协议附件（支持企业和群众通过电子签名、电子签章进行合同签订）。

（2）操作说明。

1）登录系统，点选【工单管理/待办工单】，打开待办窗口，选择当前流程为合同签订的单据，点击环节名称中的【合同签订】，打开合同签订界面，如图7-5所示。

2）点击【一键签订】，输入乙方签订人、签订地点、签订日期等信息，点击【保存】按钮，返回主界面并在合同签订信息列表中更新该条信息。合同签订保存如图7-6所示。

3）点击【发送】按钮，页面提示工单发送成功。

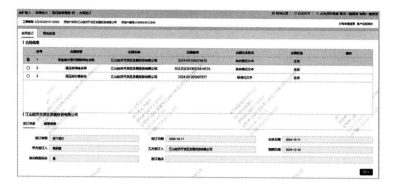

图 7-5　合同签订界面

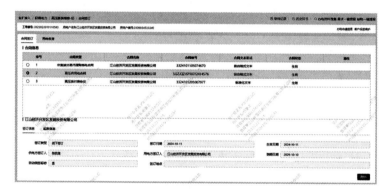

图 7-6　合同签订保存

# 八

## 装表送电

本章主要介绍了装表接电环节的服务流程及合规管理要求，并附上系统操作指南，主要介绍了高压业扩项目在营销系统流程装表接电环节该如何正确操作。

### （一）服务流程

（1）电能计量装置和用电信息采集终端的安装应与企业和群众受电工程施工同步进行，送电前完成。

1）现场安装前，应根据审核通过后的设计图纸文件确认安装条件，领取智能电能表及互感器、采集终端等相关器材，并提前与企业和群众预约装表时间。

2）采集终端、电能计量装置安装结束后，应核对装置编号、电能表起度及变比等重要信息，及时加装封印，记录现场安装信息、计量印证使用信息，请企业和群众签字确认。

3）计量箱录入信息应明晰，对于小区工程，计量箱名称至少应包含小区名称、楼幢号，计量箱安装地址至少应包含楼幢号、单元号、楼层号及预留表计安装房号等基本信息，以方便表箱可视化工作开展。

（2）用户接电工作，指用户受电工程施工最后环节，将用户设备接入供电企业变电站、开闭所、开关站及配电线路等供电企业维护的设备区范围内的施工作业。包括以下两种情况：

1）接入供电企业配电线路。用户设备（线路）需在供电企业配电杆塔上进行的搭接作业，包括电网配电杆塔上杆、搭接等工作。

2）接入供电企业变电站、开闭所、开关站。用户受电工程设备接入供电企业变电站、开闭所、开关站设备所进行的作业，包括出线间隔施工调试、架空线和电缆的搭接，以及核相、参数测试、带负荷试验等工作。

（3）营销部门根据企业和群众意向接电时间在竣工报验之前，向运检部门提出接电需求，运检部门根据接电需求编制接电计划。

（4）正式接电前，完成接电条件审核，并对全部电气设备做外观检查，确认已拆除所有临时电源，并对二次回路进行联动试验，抄录电能表编号、主要铭牌参数、止度数等信息，填写电能计量装接单，并请企业和群众签字确认。

接电条件包括启动送电方案已审定、新建的供电工程已验收合格、企业和群众的受电工程已竣工检验合格、供用电合同及相关协议已签订、业务相关费用已结清。

（5）接电后应检查采集终端、电能计量装置运行是否正常，会同企业和群众现场抄录电能表示数，记录送电时间、变压器启用时间等相关信息，依据现场实际情况填写新装（增容）送电单，并请企业和群众签字确认。

## （二）合规管理要求

### 1. 设置企业和群众办电障碍

风险点：区别对待不同的企业和群众受电工程的设计、施工和设备材料供应单位，在相关单位已完成安全、准入等手续的前提下仍旧以安全、准入等为由，拒绝社会施工企业进入系统变电站（所）施工，为特定企业承揽业务提供便利。

风险影响：为特定企业承揽业务提供便利。

预控措施：

（1）按"随到随报、随报随批"原则和满足停电通知提前7天公告的原则滚动安排接电计划，严禁区别对待不及时报送或安排停送电计划。

（2）开展企业和群众回访及满意度评价，不定期开展明察暗访，严肃查处区别对待的违规行为。

## 2. 停送电计划报送不及时、安排不合理

风险点：拖延办理用户受电工程停送电计划安排、送电等手续。

风险影响：停送电计划报送不及时、安排不合理，影响企业和群众正常接电需求。

预控措施：

（1）严格按照要求，由客户经理统筹用户受电工程进度，统一报送停送电计划。

（2）及时跟踪用户受电工程建设进度，严格按照停送电计划报送要求，及时报送停送电计划。

（3）按"随到随报、随报随批"原则和满足停电通知提前7天公告的原则滚动安排接电计划，严禁区别对待不及时报送或安排停送电计划。

## 3. 企业和群众接电时间滞后

风险点1：由于计量装置库存不足，领用及安装组织不力等原因，导致无法及时装表。

风险影响：计量装置安装工作组织不力，企业和群众接电时间滞后。

预控措施：

（1）加强计量装置库存监测，灵活调度，根据业扩工作安排，及时补充库存。

（2）加强表计领用、安装等工作组织，确保按规定及时装表。

风险点 2：拖延办理用户受电工程停送电计划安排、送电等手续。

风险影响：接电作业组织不力，企业和群众接电时间滞后。

预控措施：

（1）严格按照《关于进一步规范用户接电工作的意见》（浙监能稽查〔2014〕11 号）相关要求，委托具备资质的单位开展接电作业。

（2）委托相关单位开展接电作业的，加强对相关单位管控，确保接电工作施工力量充足。

（3）推广不停电作业，在不影响其他用户情况下，按时为用户装表送电。

## （三）系统操作指南

### 1. 计量设备配置出库

（1）功能说明。资产管理员根据计量方案配置计量设备；按照装拆工单所列设备需求，发放设备并与装接工交接确认的工作。

（2）操作说明。

1）登录系统，点选【工单管理/待办工单】，打开待办窗口，选择当前流程为计量设备配置出库的单据，点击环节名称中的【计量设备配置出库】，打开计量设备配置出库界面，如图8-1所示。

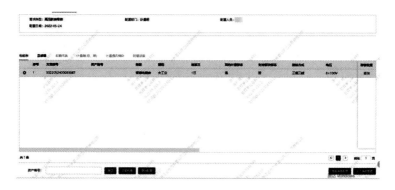

图8-1　计量设备配置出库界面

2）默认进入电能表 tab 页，点击电能表列表数据中右侧的【查询】按钮，打开电能表存放位置查询窗口，根据库房、库区等信息筛选出所需要的电能表信息，复制该条记录的资产编号，将其粘贴在主界面的【配置对象资产编号】这一输入框中。电能表界面如图8-2所示。

3）点击互感器进入互感器 tab 页，查看互感器信息，根据上方电能表一样查询出资产编号，复制粘贴在【配置对象资产编号】输入框中。

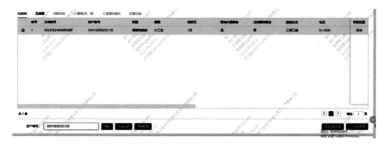

图 8-2　电能表界面

4）点击采集终端进入采集终端 tab 页，查看采集终端信息。根据上方电能表一样查询出资产编号，复制粘贴在【配置对象资产编号】输入框中。

5）点击计量箱柜（屏）进入计量箱柜（屏）tab 页，查看计量箱柜（屏）信息。根据上方电能表一样查询出资产编号，复制粘贴在【配置对象资产编号】输入框中。

6）点击【配置】按钮，在出库记录进入配置出库记录页，查看配置出库记录，如图 8-3 所示。

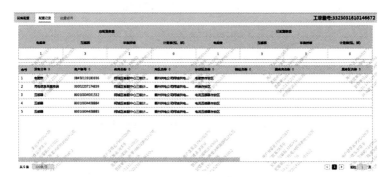

图 8-3　配置出库记录

116

7）点击【发送】按钮，页面提示工单发送成功。

**2. 设备领用**

（1）功能说明。设备领用是指装接工从库房领取相关计量设备的工作。

（2）操作说明。

1）登录系统，点选【工单管理/待办工单】，打开窗口，填入流程名称、环节名称等信息，单击【查询】按钮，输入工单编号即可查看设备领用的工单。

2）打开设备领用页面，可点击电能表、互感器、采集终端、计量箱（柜、屏）选择要领用的设备，点击列表中要领用的设备，选择右下角【领用】按钮。设备领用如图 8 – 4 所示。

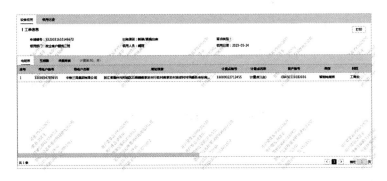

**图 8 – 4　设备领用**

3）点选领用记录 tab 页，可查看当前流程设备领用的记录，点击右下角的【发送】按钮，即可发送工单进入下一个环节。

**3. 计量设备装拆**

（1）功能说明。装接工根据装拆工单的工作要求和内容，开展计量设备装拆作业并记录计量设备装拆信息的工作。

（2）操作说明。

1）登录系统，点选【工单管理/待办工单】，打开待办窗口，选择当前流程为计量设备装拆的单据，点击环节名称中的【计量设备装拆】，打开计量设备装拆界面，如图 8－5所示。

**图 8－5　计量设备装拆界面**

2）初始化进入计量点信息维护 tab 页，点击左边计量点树中计量点节点，展开右侧计量点方案信息界面，选中对应的电能表方案列表数据，输入行、列信息，下方展开的示数信息填入对应的示数。填入示数如图 8－6 所示。

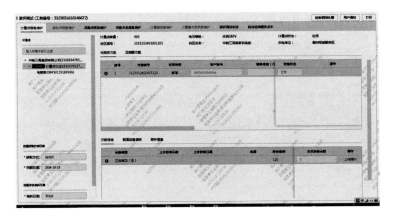

图 8－6　填入示数

3）输入经度、纬度、高度等信息。

4）点击采集点信息维护 tab 页，查看采集点信息维护界面，附属设备装拆与计量点一致。

5）点击核定运维服务成本 tab 页，查看核定运维服务成本界面。

6）点击【发送】按钮，页面提示工单发送成功。

#### 4. 送电

（1）功能说明。高压客户经理按计划协调相关部门开展送电工作。

（2）操作说明。

1）登录系统，点选【工单管理/待办工单】，打开待办窗口，选择当前流程为送电的单据，点击环节名称中的【送电】，打开送电界面，如图 8-7 所示。

**图 8-7 送电界面**

2）初始化送电界面，填入停（送）电人、停（送）电日期等
信息，点击【保存】按钮，提示保存成。送电保存如图 8-8 所示。

**图 8-8 送电保存**

3）点击用能数据采录 tab 页，打开用能数据采录界面，
查看用能数据采录下的各种信息，点击【保存】按钮。用能
数据采录界面如图 8-9 所示。

**图 8-9 用能数据采录界面**

120

4）点用电收资，移交查看信息点击【一键接收】，打开用电收资界面，点击【收集】按钮，进入档案采集界面，上传附件，点击【确定】按钮，最后点击【保存】按钮，提示保存成功。

5）点击【发送】按钮，页面提示工单发送成功。

# 九

# 资料归档

本章节主要讲述资料归档环节的服务流程、系统操作流程及注意事项。

## （一）服务流程

（1）推广应用营销档案电子化，在各环节业务办理的同时生成电子化文档，接电完成后，应在3个工作日内收集、整理并核对归档信息和资料，形成资料清单，建立企业和群众档案。实现档案信息的自动采集、动态更新、实时传递和在线查阅。

（2）营业表单的相关签章要求。

1）自然人办理用电业务的，签名即可，申请单不需要盖章。

2）非自然人办理用电申请、业务报验等表单（含附表）需要加盖公章。若法人本人办理的或经办人携带加盖公章的授权委托书办理的，申请单可不加盖单位公章，但需要法人本人或经办人签名。

3）工作表单中企业和群众签署栏为"企业和群众签收"的签收类表单，由企业和群众本人或经办人签名即可，不需要加盖公章。

（3）制定企业和群众档案归档目录，利用系统校验、95598 热线回访等方式，确保企业和群众档案信息的完整性和准确性。如果存在档案信息错误或信息不完整，则发起相关纠错流程。具体要求如下：

1）纸质资料应保留原件，如果不能保留原件，保留与原件核对无误的复印件，但供用电合同及相关协议必须保留原件。

2）纸质资料应重点核实有关签章是否真实、齐全，资料填写是否完整、清晰；营销信息档案应重点核实与纸质档案是否一致。

3）供用电合同电子化时可采取拍摄封面、签署页、骑缝章、产权分界点示意图等关键信息，并上传合同电子文档至智能档案系统；企业和群众设计图纸、竣工图纸可采取电子版（PDF）上传的方式。

4）档案资料和电子档案相关信息不完整、不规范、不一致，应退还给相应业务环节补充完善。

5）业务人员应建立客户档案台账，并统一编号建立索引。

6）线上办理环节自动生成的电子化资料，确认无误后，无须再提供相关纸质资料。

## （二）系统操作指南

### 1. 信息归档

（1）功能说明。在业务流程执行过程中，按照业务规则，对当前业务流程的数据进行校验；管理专职对校验结果中的业务异常进行专业审核，并对业务变更信息进行归档更新。

（2）操作说明。

1）登录系统，点击【工单管理/待办工单】，填入流程名称、环节名称等信息，单击【查询】按钮，输入工单编号即可查看信息归档的工单。

2）打开信息归档页面，若申请符合要求，单击【通过】单选框，输入审批意见，点击【保存】按钮，然后点击【信息归档】按钮，显示信息归档成功。审核意如图9-1所示。

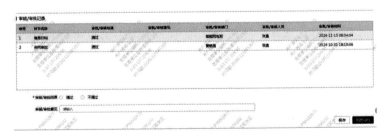

图9-1　审核意见

3）点选档案异常审核 tab 页，可进行档案异常审核，点击右下角的【发送】按钮，会弹出提示框，点击【确认】按钮，即可发送工单进入下一环节。

## 2. 档案归档

（1）功能说明。档案归档是指资料员使用电脑，核对企业和群众待归档信息和资料，收集并整理纸质报装资料，完成纸质资料归档的工作。对市场化交易用户，自动向售电公司推送企业和群众办电信息。

（2）操作说明。

1）登录系统，点选【工单管理/待办工单】，打开待办窗口，选择当前流程为档案归档的单据，点击环节名称中的【档案归档】，打开档案归档界面，如图 9 – 2 所示。点击【审查通过】按钮，打开档案新增窗口。

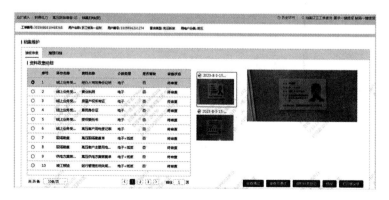

图 9 – 2  档案归档界面

2）打开整理归档界面，点击右下角【新建档案盒】，打开选择档案存放位置，选好信息，点击【确定】按钮，再回到原界面，把要保存的档案放到右边，点击【保存】按钮，提示保存成功。档案信息保存如图 9 - 3 所示，选择档案存放位置界面图 9 - 4 所示。

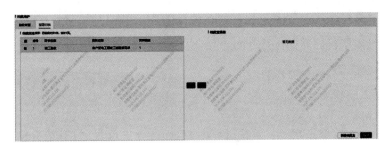

图 9 - 3　档案信息保存

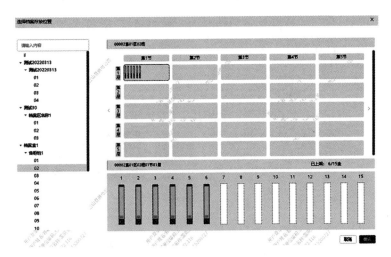

图 9 - 4　选择档案存放位置界面

3）点击【发送】按钮，页面提示工单发送成功。

（3）注意事项。《国家电网有限公司业扩报装管理规则》（国家电网企管〔2019〕431 号）第一百零七条：

制定企业和群众资料归档目录，利用系统校验、95598 热线回访等方式，核查客户档案资料，确保完整准确。如果档案信息错误或信息不完整，则发起纠错流程。具体要求如下：

（一）档案资料应保留原件，确不能保留原件的，保留与原件核对无误的复印件。供电方案答复单、供用电合同及相关协议必须保留原件。

（二）档案资料应重点核实有关签章是否真实、齐全，资料填写是否完整、清晰。

（三）各类档案资料应满足归档资料要求。档案资料相关信息不完整、不规范、不一致的，应退还给相应业务环节补充完善。

业务人员应建立客户档案台账并统一编号建立索引。

# 流程管控

随着电力接入工程分担机制长效落实、供电方案编制多专业协同、电力客户需求趋于多元、内外部监管审计持续收紧，业扩报装面临着更为复杂和严峻的挑战，迫切需要数字化手段支撑开展流程管控分析。国网衢州供电公司作为全省牵头试点单位，打造办电全过程智能预警、业扩全数据智能分析、问题全覆盖线上闭环的业扩全流程全要素管控平台，推动办电服务规范度水平持续提升。

## （一）高效办电

高效办电板块聚焦高压业扩和小区新装两类重点业务，对办电全过程 22 个环节的处理时效及关联的 4 个专业的协同情况开展分析管控。重点围绕"一方案两工程"（供电方案、接入工程、用户工程）开展时限管控、时长分析，对"部门连接松散、信息共享不充分"的传统协同管理模式开展信息化改造升级，实现跨专业关键节点数据的自动采集，促进内部协同更高效。高效办电板块如图 10 - 1 所示。

图 10 - 1　高效办电板块

## （二）品质办电

品质办电板块围绕国家优化用电营商环境的要求和基层业务管控的需求，梳理 72 个办电服务指标，涵盖国办函〔2020〕129 号文落实、重大项目服务、高效办成一件事等重点工作，以及业务受理、方案答复、工程实施和验收送电 4 个关键环节重点业务指标，所有指标均通过系统实时获取，支持兄弟单位间横向比较，下级单位间对比分析。该板块支持对各项指标管控灵活配置，各级单位可以自主设置监控条件，由系统后台自动对低于目标值的预警对象开展短信、站内信通知预警，辅助基层更好地开展业务实时管控。品质办电板块如图 10 - 2 所示。

## （三）合规办电

合规办电板块聚焦监管热点，对市场占有率、客户经理与

图 10 – 2　品质办电板块

社会施工单位关联关系和疑似异常线索等开展多维度分析、强化风险管控。通过系统异常数据自动筛选、用户诉求工单分析，挖掘合规管理线索，帮助基层有方向性的开展日常合规问题整改，提升合规管理水平。合规办电板块如图 10 – 3 所示。

图 10 – 3　合规办电板块

## （四）营商评价

营商评价板块重点参照国网营商评价形式、指标设置等，建立评价流程，支撑国网营商环境评价进位和省内各地市自评提升。分别晾晒标杆、中部、落后指标，支持地市公司间长短板指标比较、典型案例展示，帮助各单位有的放矢、补齐短板、共同提升。

## （五）一键体检

一键体检功能借鉴 360 安全卫士的体检模式，开展全业务、全流程数据分析，精准展示弱项、异常指标和异常工单情况，按业务受理、方案答复、工程实施、装表接电、变更及其他 4 类业务环节分类展示异常体检条目，体检结果以分值展示，通过颜色分级显示健康等级，直观体现当前业务管控情况。一键体检功能首页如图 10－4 所示。目前，体检规则库已收录 176 项体检项目，后续可以根据业务变化及各单位需求对

图 10－4　一键体检功能首页

体检项目库进行动态扩展，确保新的业务规则要求及时得到落实。一键体检结果展示页面如图 10 - 5 所示。

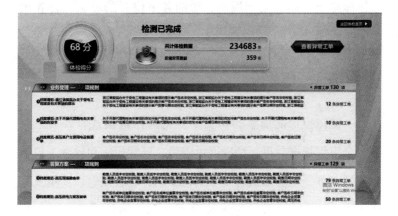

图 10 - 5　一键体检结果展示页面

**附件 1  分担机制三类流程图**

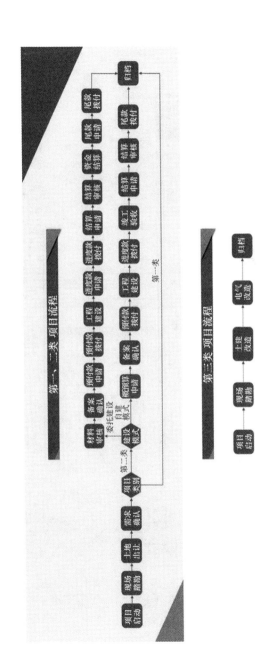

133

## 附件 2 低压新装（增容）业务流程图

低压新装（增容）业务流程图

- 01 客户线上掌电App申请
- 02 业务受理 服务调度确认客户申请，与客户预约现场服务时间
- 03 客户线下窗口申请
- 04 业务受理并预约 营业厅窗口确认客户申请，与客户预约现场服务时间
- 05 勘查派工 服务班新新长接到短信后进行派工
- 06 现场勘查 客户经理与施工一起现场勘查，对具备装表条件的直接进行装表订合同鉴订装表接电
- 是否有配套工程
- 07 土建施工 客户自行实施
- 三基杆及以上工程
- 08 建图出图 运检ERP立项后，设计按图草图鉴订装订图
- 09 物资领用 外协施工队进行二级库物资领用
- 10 业扩配套工程 按照大修技改方展业扩配套工程
- 11 建项出图 外协施工队开展敷设电缆、安装表箱、架设线路、搭头接电等工作
- 12 送工挂验 外协施工队联系客户经理开展现场挂验
- 13 配表 表库管理人员
- 14 领表 客户经理
- 15 现场装表 外协施工队
- 16 合同起草 客户经理
- 17 合同审核 县公司营销部分管主任、分公司分管领导
- 18 合同签订 客户经理
- 19 现场验收 客户经理
- 20 送电 客户经理

# 附件 3　10（20）kV 新装（增容）业务流程图

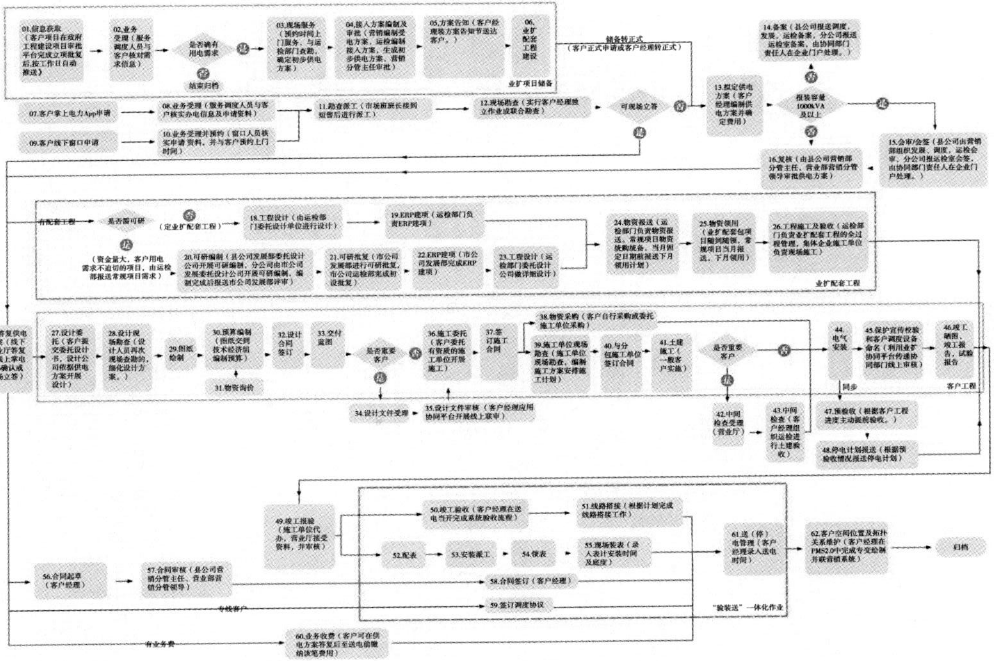